CARTEA DE REȚETE COMPLETĂ DE DIPS ȘI TARTINELE

Transformă gustarea obișnuită în experiențe extraordinare, cu 100 de rețete delicioase

Olivia Matasaru

Material cu drepturi de autor ©2024

Toate drepturile rezervate

Nicio parte a acestei cărți nu poate fi utilizată sau transmisă sub nicio formă sau prin orice mijloc fără acordul scris corespunzător al editorului și al proprietarului drepturilor de autor, cu excepția citatelor scurte utilizate într-o recenzie. Această carte nu trebuie considerată un substitut pentru sfaturi medicale, juridice sau alte sfaturi profesionale.

CUPRINS

- CUPRINS 3
- INTRODUCERE 6
- **RANCH DIPS**.. 7
  - 1. DE BAZĂ HEBED RANCH 8
  - 2. AVOCADO RANCH DIP 10
  - 3. SMOKY CHIPOTLE RANCH DIP 12
  - 4. CURRY RANCH DIP 14
  - 5. WASABI RANCH DIP 16
  - 6. NUCĂ DE COCOS LIME RANCH DIP 18
  - 7. DILL PICKLE RANCH DIP 20
- **HUMMUS** 22
  - 8. HUMMUS CU DOVLECEI SI NAUT 23
  - 9. NAUT CU LĂMÂIE ȘI HUMMUS TAHINI 25
  - 10. HUMMUS CU NĂUT CU USTUROI 27
  - 11. DIP DE VINETE PRĂJITE 29
  - 12. SPIRULINA HUMMUS 32
  - 13. CU MATCHA ȘI SFECLĂ ROȘIE 34
  - 14. HUMMUS DE ROȘII USCATE LA SOARE 36
  - 15. HUMMUS DE NAUT CU AQUAFABA 38
  - 16. HUMMUS CU MUGURI DE SOIA 40
  - 17. FĂRĂ HUMMUS CU CHIMEN 42
  - 18. HUMMUS JALAPEÑO-CILANTRO 44
  - 19. HUMMUS YUZU 46
  - 20. ÎNAPOI LA ELEMENTE DE BAZĂ HUMMUS 48
  - 21. HUMMUS CU ARDEI ROȘU PRĂJIT 50
  - 22. HUMMUS DE FASOLE ALBĂ ȘI MĂRAR 52
  - 23. HUMMUS DE CHIPOTLE-PINTO AFUMAT 54
  - 24. HUMMUS DIN NORDUL INDIEI 56
  - 25. HUMMUS FOARTE FIN 58
  - 26. HUMMUS DE BOABE DE SOIA 60
  - 27. HUMMUS DE NAUT CU CURRY 62
  - 28. HUMMUS CU ARDEI ROȘU (FĂRĂ FASOLE) 64
  - 29. HUMMUS DE DOVLECEI 66
  - 30. HUMMUS KAWARMA (MIEL) CU SOS DE LAMAIE 68
  - 31. MUSABAHA ȘI PITA PRĂJITĂ 71
  - 32. HUMMUS ADEVĂRAT 74
  - 33. HUMMUS DE ANGHINARE 76
  - 34. ȚELINĂ CU HUMMUS DE FASOLE ALBĂ 78
  - 35. HUMMUS DE FASOLE EXOTIC 80
  - 36. HUMMUS DE SĂRBĂTORI 82
  - 37. HUMMUS CU ROȘII USCATE LA SOARE ȘI CORIANDRU 84

- 38. Hummus cu nuci de pin prajite si ulei de patrunjel 86
- 39. Hummus cu dovleac și rodie 88
- 40. Hummus cu gust de roșii 90
- 41. Dip cu hummus cu conținut scăzut de grăsimi 92
- 42. Hummus din Saskatchewan 94
- 43. Hummus pesto 96
- 44. Hummus cremos de conopidă 98
- 45. Hummus de morcovi prăjiți 100

BABA GANOUSH 102
- 46. Baba Ganoush 103
- 47. Dip cu vinete prăjite cu tărăciune 105
- 48. italianul Baba Ghanoush 107
- 49. Sfecla Baba Ganoush 110
- 50. Avocado Baba Ganoush 112
- 51. Curry Baba Ganoush 114
- 52. Nuc Baba Ganoush 116
- 53. Ardei roșu prăjit Baba Ganoush 118
- 54. Rodie Baba Ganoush 120
- 55. Tartinată de vinete cu nuci 122

GUACAMOLE 124
- 56. Guacamole cu usturoi 125
- 57. Guacamole cu brânză de capră 127
- 58. Guacamole cu hummus 129
- 59. Kimchi Guacamole 131
- 60. Spirulina Guacamole Dip 133
- 61. Guacamole cu nucă de cocos și lămâie 135
- 62. Nori Guacamole 137
- 63. Guacamole cu fructul pasiunii 139
- 64. Moringa guacamole 141
- 65. Mojito Guacamole 143
- 66. Mimoza Guacamole 145
- 67. Guacamole de floarea soarelui 147
- 68. Guacamole din fructele dragonului 149

DIPS PE BAZĂ DE TAHINI 151
- 69. Dip cremoasă de spanac-tahini 152
- 70. Dip Tahini cu ardei roșu prăjit picant 154
- 71. Dip de Tahini cu Lămâie 156
- 72. Dip cremoasă de tahini de sfeclă 158
- 73. Dip de tahini cu roșii uscate și busuioc 160
- 74. Dip Tahini cu turmeric și ghimbir 162
- 75. Dip de tahini de arțar și scorțișoară 164

DIPS DE BRÂNZĂ 166
- 76. Brick Cheese Dip 167

77. Dip cu brânză albastră și brânză Gouda 169
78. Cremă de brânză și miere 171
79. Dip de pui cu bivoliță 173
80. Dip picant cu dovleac și cremă de brânză 175
81. Bavarez petrecere dip/spread 177
82. Dip de petrecere cu anghinare la cuptor 179
83. Pub Cheese Dip 181
84. Dip de pizza cu conținut scăzut de carbohidrați 183
85. Dip Rangoon de crab 185
86. Dip picant de creveți și brânză 187
87. Dip de usturoi si bacon 189
88. Dip cremoasă de pesto cu brânză de capră 191
89. Pizza fierbinte Super dip 193
90. Dip cu spanac și anghinare la cuptor 195
91. Dip de anghinare 197
92. Dip cremoasă de anghinare 199
93. Dip cu măr și cremă de brânză 201
94. de orez sălbatic și chili 203
95. Dip picant cu dovleac și cremă de brânză 205

SOSURI ASIATICE PENTRU SCUFUNDARE 207
96. Sos de caise și chile 208
97. Sos de Dipping Mango-Ponzu 210
98. Sos de ghimbir cu soia 212
99. Sos picant cu arahide 214
100. Sos dulce chili lime 216

CONCLUZIE 218

INTRODUCERE

Bine ați venit la „CARTEA DE REȚETE COMPLETĂ DE DIPS ȘI TARTINELE", ghidul dumneavoastră suprem pentru transformarea gustărilor obișnuite în experiențe extraordinare, cu 100 de rețete delicioase. Indiferent dacă găzduiești o petrecere, distrați oaspeții sau pur și simplu vă răsfățați într-o noapte confortabilă, această carte de bucate este pașaportul dvs. către o lume a aromei și a creativității. De la dips clasice la tartine inovatoare, fiecare rețetă este concepută pentru a vă înălța jocul de gustare și pentru a vă încânta papilele gustative.

În această carte de bucate, veți descoperi o gamă variată de rețete care celebrează arta de a înmuia și de a răspândi. De la hummus cremos și salsa acidulată până la tartine de brânză delicioase și la deserturi decadente, există ceva pentru fiecare gust și ocazie. Indiferent dacă îți este pofta de ceva sărat, dulce, picant sau acidulat, aici vei găsi o rețetă pentru a-ți satisface pofta de gustare și pentru a-ți impresiona oaspeții.

Ceea ce distinge „Cartea completă de rețete pentru dips și tartine" este accentul pus pe simplitate, versatilitate și creativitate. Indiferent dacă sunteți un bucătar de casă experimentat sau un novice în bucătărie, aceste rețete sunt concepute pentru a fi ușor de urmat și adaptabile preferințelor dvs. de gust și nevoilor alimentare. Cu ingrediente minime și instrucțiuni simple , puteți pregăti un lot de dips și tartine de casă în cel mai scurt timp, transformând gustările de zi cu zi într-o experiență gourmet.

De-a lungul acestei cărți de bucate, veți găsi sfaturi practice pentru servirea și depozitarea dips-urilor și tartinelor, precum și fotografii uimitoare pentru a vă inspira aventurile culinare. Fie că găzduiești o adunare obișnuită cu prietenii, sărbătorești o ocazie specială sau pur și simplu te răsfăți cu o gustare delicioasă, „Cartea de rețete complete pentru dips și tartine" are tot ce ai nevoie pentru a-ți duce gustările la următorul nivel.

RANCH DIPS

1.de bază Hebed Ranch

INGREDIENTE:
- 1 cană maioneză
- ½ cană iaurt grecesc simplu
- 1½ linguriță de arpagic uscat
- 1½ linguriță pătrunjel uscat
- 1½ linguriță mărar uscat
- ¾ lingurita de usturoi granulat
- ¾ lingurita ceapa granulata
- ½ lingurita sare
- ¼ lingurita piper negru

INSTRUCȚIUNI:
a) Combina toate ingredientele în A mic castron.
b) Permite la sta în cel frigider pentru 30 minute inainte de servire.

2.Avocado Ranch Dip

INGREDIENTE:
- 1 avocado copt, decojit și fără sâmburi
- 1/2 cană smântână
- 1/4 cană maioneză
- 1 lingura suc de lamaie proaspat stors
- 2 linguri coriandru proaspăt tocat
- 1 catel de usturoi, tocat
- 1/2 lingurita praf de ceapa
- Sare si piper dupa gust
- Opțional: jalapeño tocat pentru căldură adăugată

INSTRUCȚIUNI:
a) Într-un bol de amestecare, zdrobiți avocado copt până la omogenizare.
b) Adăugați smântână, maioneza, suc de lămâie, coriandru tocat, usturoi tocat, praf de ceapă și opțional jalapeño tocat.
c) Se amestecă până se combină bine și crem.
d) Se condimenteaza cu sare si piper dupa gust.
e) Transferați dip-ul de avocado într-un castron de servire.
f) Serviți cu chipsuri tortilla, bețișoare de legume sau ca topping cremos pentru tacos sau nachos.

3. Smoky Chipotle Ranch Dip

INGREDIENTE:
- 1/2 cană smântână
- 1/4 cană maioneză
- 1 lingura ardei chipotle in sos adobo, tocat
- 1 lingura suc de lamaie proaspat stors
- 1 lingurita boia afumata
- 1/2 lingurita praf de usturoi
- 1/2 lingurita praf de ceapa
- Sare si piper dupa gust
- Opțional: coriandru proaspăt tocat pentru decor

INSTRUCȚIUNI:
a) Într-un castron, combinați smântâna, maioneza, ardeii chipotle tocați, sucul de lămâie, boia de ardei afumată, pudra de usturoi și pudra de ceapă.
b) Se amestecă până se omogenizează bine.
c) Se condimenteaza cu sare si piper dupa gust.
d) Ornați cu coriandru proaspăt tocat dacă doriți.
e) Transferați dip-ul ranch cu chipotle afumat într-un castron de servire.
f) Serviți cu cartofi prăjiți crocanți, aripioare de pui sau folosiți-l ca sos gustos pentru legumele la grătar.

4.Curry Ranch Dip

INGREDIENTE:
- 1/2 cană iaurt grecesc
- 1/4 cană maioneză
- 1 lingură pudră de curry
- 1 lingurita miere
- 1 catel de usturoi, tocat
- 1 lingura coriandru proaspat tocat
- 1 lingura menta proaspat tocata
- 1 lingurita coaja de lamaie
- Sare si piper dupa gust

INSTRUCȚIUNI:
a) Într-un castron, combinați iaurtul grecesc, maioneza, pudra de curry, mierea, usturoiul tocat, coriandru tocat, menta tocată și coaja de lămâie.
b) Se amestecă până când toate ingredientele sunt bine încorporate.
c) Se condimenteaza cu sare si piper dupa gust.
d) Transferați dip-ul de curry ranch într-un castron de servire.
e) Serviți cu crudite de legume, chipsuri pita sau ca sos pentru samosas sau pakoras.

5.Wasabi Ranch Dip

INGREDIENTE:
- 1/2 cană smântână
- 1/4 cană maioneză
- 1 lingura pasta de wasabi preparata
- 1 lingura otet de orez
- 1 lingurita sos de soia
- 1 ceapa verde, tocata marunt
- 1/2 lingurita de seminte de susan (optional)
- Sare si piper dupa gust

INSTRUCȚIUNI:
a) Într-un castron, combinați smântâna, maioneza, pasta de wasabi, oțetul de orez, sosul de soia, ceapa verde tocată și semințele de susan (dacă se utilizează).
b) Se amestecă până când toate ingredientele sunt bine amestecate.
c) Se condimenteaza cu sare si piper dupa gust.
d) Transferați dip-ul de ranch cu wasabi într-un castron de servire.
e) Serviți cu sushi, tempură sau folosiți ca sos pentru creveți sau rulouri de sushi.

6. Nucă de cocos Lime Ranch Dip

INGREDIENTE:
- 1/2 cana crema de cocos
- 1/4 cană iaurt grecesc
- 1 lingură maioneză
- Zest și suc de 1 lime
- 1 lingura coriandru proaspat tocat
- 1 lingura menta proaspat tocata
- 1 lingurita miere
- Sare si piper dupa gust

INSTRUCȚIUNI:
a) Într-un castron, combinați crema de nucă de cocos, iaurtul grecesc, maioneza, coaja de lămâie, sucul de lămâie, coriandru tocat, menta tocată și mierea.
b) Se amestecă până când este omogen și cremos.
c) Se condimenteaza cu sare si piper dupa gust.
d) Transferați dip-ul ranch cu lămâie de cocos într-un castron de servire.
e) Serviți cu fructe tropicale, creveți la grătar sau folosiți ca sos pentru creveți de cocos.

7. Dill Pickle Ranch Dip

INGREDIENTE:
- 1/2 cană smântână
- 1/4 cană maioneză
- 1/4 cana muraturi de marar tocate marunt
- 1 lingură suc de murături
- 1 lingură mărar proaspăt tocat
- 1 lingurita praf de ceapa
- Sare si piper dupa gust

INSTRUCȚIUNI:
a) Într-un bol de amestecare, combinați smântâna, maioneza, murăturile de mărar tocate mărunt, sucul de murături, mărarul proaspăt tocat și pudra de ceapă.
b) Se amestecă până când toate ingredientele sunt bine încorporate.
c) Se condimenteaza cu sare si piper dupa gust.
d) Ajustați condimentul dacă este necesar.
e) Transferați dip-ul de mărar murat într-un castron de servire.
f) Serviți cu chipsuri de cartofi, bețișoare de morcovi sau ca o baie pentru murături prăjite.

HUMMUS

8.Hummus cu dovlecei si naut

INGREDIENTE:
- 1 conserve de năut, scurs și clătit
- 1 cățel de usturoi, tocat
- 1 dovlecel verde, tocat
- O mână de pătrunjel tocat
- O mână de busuioc tocat
- Sare de Himalaya sau de mare
- Piper negru proaspăt măcinat
- 4 linguri ulei de masline
- Un strop de suc proaspăt de lămâie

INSTRUCȚIUNI:
a) Amesteca totul.

9. Naut cu Lămâie și Hummus Tahini

INGREDIENTE:
- Suc de lămâie de la ½ lămâie
- 1 cutie năut uscat, înmuiat
- 1 catel de usturoi
- 1 lingura de tahini
- 1 lingura de ulei de masline

INSTRUCȚIUNI:
a) Amestecă totul până la omogenizare.

10.Hummus cu năut cu usturoi

INGREDIENTE:
- 2 catei de usturoi
- 1 conserve de năut
- 1 lingura de Tahini
- Suc de lămâie de la 1 lămâie
- 1 lingura ulei de masline

INSTRUCȚIUNI:

a) Într-un bol de amestecare, amestecați toate ingredientele.

11. Dip de vinete prăjite

INGREDIENTE:
- 3 mediu vinete cu piele (cel mare, rundă, Violet varietate)
- 2 linguri ulei
- 1 grămând linguriţă de chimion seminţe
- 1 linguriţă sol coriandru
- 1 linguriţă curcumă pudra
- 1 mare galben sau roşu ceapă, decojite şi tăiate cubuleţe
- 1 bucată de ghimbir rădăcină, decojite şi răzuit sau tocat
- 8 cuişoare usturoi, decojite şi răzuit sau tocat
- 2 mediu rosii, decojite (dacă posibil) şi tăiate cubuleţe
- 4 verde thailandeză, serrano, sau cayenne ardei iute, tocat
- 1 linguriţă roşu chile pudra sau cayenne
- 1 Lingura de masa aspru mare sare

INSTRUCŢIUNI:

a) A stabilit un cuptor rack la cel al doilea cel mai înalt poziţie. Preîncălziţi cel broiler la 500°F (260°C). Linia A coacerea foaie cu aluminiu folie la evita A mizerie mai tarziu.

b) Împungere găuri în cel vânătă cu A furculiţă (la eliberare aburi) şi loc lor pe cel coacerea foaie. Se emoţiona pentru 30 minute, cotitură o singura data. The piele voi fi carbonizat şi ars în niste zone când ei sunt Terminat. Elimina cel coacerea foaie din cel cuptor şi lăsa cel vânătă misto pentru la cel mai puţin 15 minute. Cu A ascuţit cuţit, a tăia A Despică pe lungime din unu Sfârşit de fiecare vânătă la cel alte, şi Trage aceasta deschis puţin. Chiuretă afară cel prăjită carne interior, fiind atent la evita cel aburi şi salvare la fel de mult suc la fel de posibil. Loc cel prăjită vânătă carne în A castron — vei avea despre 4 cupe (948 ml).

c) În A adânc, greu tigaie, căldură cel ulei peste mediu-înalt căldură.

d) Adăuga cel chimion şi bucătar pana cand aceasta sfârâie despre 30 secunde.

e) Adăuga cel coriandru şi curcumă. Amesteca şi bucătar pentru 30 secunde.

f) Adăuga cel ceapă şi maro pentru 2 minute.

g) Adăuga cel ghimbir rădăcină şi usturoi şi bucătar pentru 2 Mai mult minute.

h) Adăuga cel rosii și ardei iute. bucătar pentru 3 minute, pana cand cel amestec se înmoaie.
i) Adăuga cel carne din cel prăjită vinete și bucătar pentru o alta 5 minute, amestecarea din cand in cand la evita lipirea.
j) Adăuga cel roșu chile pudra și sare. La acest punct, tu ar trebui să de asemenea elimina și arunca orice rătăcit bucăți de carbonizat vânătă piele.
k) Amestec acest amestec folosind un imersiune blender sau în A separa blender. Nu exagera ea—acolo ar trebui să încă fi niste textură. Servi cu prăjită naan felii, biscuiti, sau tortilla chipsuri. Tu poate sa de asemenea servi aceasta tradiţional cu un indian masă de roti, linte, și raita.

12. Spirulina Hummus

INGREDIENTE:
- 1 poate sa naut, drenat, lichid rezervat
- 1 Lingura de masa măsline ulei
- 2 lingurite tahini
- 1 Lingura de masa proaspăt presat lămâie suc
- 1 cuișoare usturoi, zdrobit
- ½ linguriță sare

INSTRUCȚIUNI:
a) Loc cel naut, măsline ulei, tahini, lămâie suc, usturoi, și sare în A alimente procesor.
b) Întoarce-te pe cel alimente procesor și încet se toarnă în niste de cel rezervat naut lichid in timp ce cel mașinărie aleargă.
c) Când cel amestec este complet combinate și neted, transfer aceasta în A servire farfurie.

13.cu matcha și sfeclă roșie

INGREDIENTE:
- ½ linguriţă Matcha pudra
- 400 g staniu naut, drenat şi clătită
- 250 g gătit sfeclă
- 1 usturoi cuişoare
- 2 linguri tahini
- 2 linguriţă sol chimion
- 100 ml suplimentar virgin măsline ulei
- Suc de lămâie
- Sare la gust

INSTRUCŢIUNI:
a) Adăuga toate ingredientele cu exceptia cel naut în ta blender/aliment procesor. Amesteca pana cand neted.
b) Adăuga cel naut şi amestec din nou pana cand neted şi delicios!

14. Hummus de roșii uscate la soare

INGREDIENTE:
- 8,5 uncii borcan de uscat la soare rosii în ulei
- 8,8 uncii borcan de prăjită la cuptor rosii în ulei
- #10 poate sa de garbanzo fasole, drenat și clătită
- 2 linguri tahini pastă
- 2 linguri ceapă pudra
- 2 lingurite paprika
- 2 linguri tocat usturoi
- 1 ceașcă cald apă
- 1 ceașcă vegetal ulei
- 4 lingurite lămâie suc
- Sare și piper la gust

INSTRUCȚIUNI:
a) Adăuga uscat la soare rosii, prăjită roșie, și tahini pastă la cel alimente procesor. Utilizare 1 Lingura de masa de apă la subțire afară cel amestec. Amesteca pana cand neted.
b) Adăuga garbanzo fasole, ceapă pudra, usturoi, paprika, și lămâie suc. Întoarce-te cel procesor pe scăzut și amesteca.
c) Încet adăuga apă și ulei, la slăbiți cel lamă, și permite cel hummus la amesteca pana cand neted.
d) Repeta cel proces cu cel al doilea lot de ingrediente.

15. Hummus de naut cu aquafaba

INGREDIENTE:
- 2 cupe conservate naut
- 2 cuişoare usturoi
- 4 linguri bazat pe plante tahini
- 2 linguri lămâie suc, proaspăt stors
- 2 lingurite chimion pudra
- 1 linguriţă sare
- ½ lingurite chili pudra

AQUAFABA
- ½ ceaşcă naut lichid

TOppinguri
- Coriandru
- Coriandru seminţe
- Chili pudra
- Întreg naut

INSTRUCŢIUNI:
LA FACE THE AQUAFABA:
a) Dacă cel naut lichid conţine A lot de mic biţi de fasole, încordare aceasta prin A amenda plasă filtru la elimina lor.
b) Uşor Tel cel lichid pana cand spumos, apoi măsura afară cel necesar Cantitate de aquafaba.

LA FACE THE HUMMUS:
c) Loc cel naut, usturoi, şi aquafaba în A alimente procesor borcan şi piure pana cand neted.
d) Adăuga tahini, lămâie suc, chimion, sare, şi chili pudra la gust.
e) Proces pe înalt viteză pana cand cel hummus este neted şi cremos. Dacă necesar, spritz cu apă.
f) O oală cel hummus în A servire castron şi top cu proaspăt coriandru frunze şi seminţe.
g) Se pune la frigider în un ermetic recipient pentru sus la 5 zile.

16. Hummus cu muguri de soia

INGREDIENTE:
- 480 g gătit boabe de soia
- 285 g galben dulce porumb
- 10 uscat la soare roșie jumătăți
- 2 lingurite. usturoi pudra
- ½ lingurite paprika pudra
- ½ linguriță uscat busuioc
- 1 linguriță ceapă pudra
- 2 linguri nutritive drojdie
- 2 linguri lămâie suc
- Apă

INSTRUCȚIUNI:
a) Înmuiați cel uscat la soare roșie jumătăți în Fierbinte apă pentru la cel mai puțin unu ora.
b) Scurgere și temeinic clătiți.
c) Combina toate de ingredientele în A alimente procesor și proces pana cand neted și cremos.

17.Fără hummus cu chimen

INGREDIENTE:
- 2 cupe de naut, drenat cu apă a stabilit deoparte
- 1/2 ceașcă tahini
- Usturoi Pastă
- Suc de 6 tei
- Sare și piper.
- A foarte ușoară presara de roșu chili piper fulgi

INSTRUCȚIUNI:
a) Amestec în A blender.
b) Dacă de asemenea gros, adăuga Mai mult apă din cel naut la neted aceasta afară.

18.Hummus Jalapeño-Cilantro

INGREDIENTE:
- 1 (15 uncii) poate sa naut, drenat și clătită
- 1 ceașcă coriandru frunze, la care se adauga adițional pentru garnitură
- 2 mic jalapeños, însămânțate și grosolan tocat
- 1 usturoi cuișoare
- ¼ ceașcă proaspăt lămâie verde suc
- 2 linguri tahini (susan pastă)
- 1 Lingura de masa măsline ulei

INSTRUCȚIUNI:

a) În A alimente procesor, piure cel naut, coriandru, jalapeños, și usturoi pana cand neted.

b) Adăuga cel lămâie verde suc, tahini, și ulei și proces pana cand bine amestecate. Dacă cel amestec este de asemenea gros, adăuga apă, 1 Lingura de masa la A timp, pana cand cel dorit consistenta este realizat.

c) Servi cel hummus imediat, ornat cu adițional coriandru, sau acoperi și la frigider aceasta pentru sus la 2 zile.

19.Hummus Yuzu

INGREDIENTE:
- 2 căni de năut fiert (fasole garbanzo)
- 1/4 cană (59 ml) suc proaspăt Yuzu
- 1/4 cană (59 ml) tahini
- Jumătate de cățel mare de usturoi, tocat
- 2 linguri ulei de măsline sau ulei de chimen , plus mai mult pentru servire
- 1/2 până la 1 linguriță sare
- 1/2 linguriță de chimen măcinat
- 2 până la 3 linguri de apă
- O strop de boia macinata pentru servire

INSTRUCȚIUNI:

a) Combina tahini și yuzu suc și amestec pentru 1 minut. Adăuga cel măsline ulei, tocat usturoi, chimion și cel sare la tahini și lămâie amestec. Proces pentru 30 secunde, racla laturi și apoi proces 30 secunde Mai mult.

b) Adăuga jumătate de cel naut la cel alimente procesor și proces pentru 1 minut. Racla laturi, adăuga rămas naut și proces pentru 1 la 2 minute.

c) Transfer cel hummus în A castron apoi burniță despre 1 linguri de măsline ulei peste cel top și presara cu paprika.

20. Înapoi la elemente de bază Hummus

INGREDIENTE:

- 3 la 4 usturoi cuișoare
- 1 1/2 cupe gătit sau 1 (15,5 uncii) poate sa naut, drenat și clătită
- 1 cană suc de 1 lămâie
- 1/2 linguriță sare
- 1/8 linguriță sol cayenne
- 2 linguri măsline ulei
- Dulce sau afumat paprika, pentru garnitură

INSTRUCȚIUNI:

a) În A alimente procesor, proces cel usturoi pana cand fin tocat. Adăuga cel naut și tahini și proces pana cand neted. Adăuga cel lămâie suc, sare la gust, și cayenne și proces pana cand bine combinate.

b) Cu cel mașinărie alergare, curent în cel ulei și proces pana cand neted.

c) Gust, reglare condimente dacă necesar. Transfer la A mediu castron și presara cu paprika la servi. Dacă nu folosind dreapta departe, acoperi și la frigider pana cand Necesar.

d) În mod corespunzător stocate aceasta voi a pastra în cel frigider pentru sus la 4 zile.

21. Hummus cu ardei roșu prăjit

INGREDIENTE:

- 2 usturoi cuișoare, zdrobit
- 1 1/2 cupe gătit sau 1 (15,5 uncii) poate sa naut, drenat și clătită
- 2 prăjită roșu ardei
- 1 Lingura de masa proaspăt lămâie verde suc
- Sare
- Sol cayenne

INSTRUCȚIUNI:

a) În A alimente procesor, proces cel usturoi pana cand fin tocat. Adăuga cel naut și roșu piper și proces pana cand neted.

b) Adăuga cel lămâie verde suc și sare și cayenne la gust. Proces pana cand bine amestecate. Gust, reglare condimente dacă necesar.

c) Transfer la A mediu castron și servi. Dacă nu folosind dreapta departe, acoperi și la frigider pana cand Necesar. În mod corespunzător depozitat, aceasta voi a pastra pentru sus la 3 zile.

22.Hummus de fasole albă și mărar

INGREDIENTE:
- 2 usturoi cuișoare, zdrobit
- 1 1/2 cupe gătit sau 1 (15,5 uncii) poate sa alb fasole, astfel de la fel de Grozav De Nord, drenat și clătită
- 2 linguri proaspăt lămâie suc
- 1/4 ceașcă proaspăt marar sau 2 linguri uscat
- 1/8 linguriță sol cayenne
- 2 linguri măsline ulei

INSTRUCȚIUNI:
a) În A alimente procesor, proces cel usturoi pana cand fin tocat. Adăuga cel naut și tahini și proces pana cand neted. Adăuga cel lămâie suc, marar, sare, și cayenne și proces pana cand bine amestecate.
b) Cu cel mașinărie alergare, curent în cel ulei și proces pana cand neted. Gust, reglare condimente dacă necesar. Transfer la A mediu castron și acoperi și la frigider 2 ore inainte de servire. The arome îmbunătăți și intensifica dacă făcut înainte. În mod corespunzător depozitat, aceasta voi a pastra pentru sus la 3 zile.

23. Hummus de Chipotle-Pinto afumat

INGREDIENTE:
- 1 usturoi cuișoare, zdrobit
- 11/2 cupe gătit sau 1 (15,5 uncii) poate sa pinto fasole, drenat și clătită
- 2 lingurite proaspăt lămâie verde suc
- Sare și proaspăt sol negru piper
- 1 Lingura de masa fin tocat verde ceapa, pentru garnitură

INSTRUCȚIUNI:

a) În A alimente procesor, proces cel usturoi pana cand fin tocat. Adăuga cel fasole și chipotle și proces pana cand neted. Adăuga cel lămâie verde suc și sare și piper la gust. Proces pana cand bine amestecate.

b) Transfer la A mediu castron și presara cu cel verde ceapa. Servi dreapta departe sau acoperi și la frigider pentru 1 la 2 ore la permite cel arome la intensifica.

c) În mod corespunzător depozitat, aceasta voi a pastra pentru sus la 3 zile.

24.Hummus din nordul Indiei

INGREDIENTE:
- 2 cupe (396 g) gătit întreg fasole sau linte
- Suc de 1 mediu lămâie
- 1 cuişoare usturoi, decojit, tuns şi grosolan tocat
- 1 linguriţă aspru mare sare
- 1 linguriţă sol negru piper
- ½ linguriţă Prăjit Sol Chimion
- ½ linguriţă sol coriandru
- ¼ ceaşcă (4 g) tocat proaspăt coriandru
- ⅓ ceaşcă (79 ml) la care se adauga 1 Lingura de masa măsline ulei
- 1–4 linguri (15-60 ml) apă
- ½ linguriţă paprika, pentru garnitură

INSTRUCŢIUNI:

a) În A alimente procesor, combina cel fasole sau linte, lămâie suc, usturoi, sare, negru piper, chimion, coriandru, şi coriandru. Proces pana cand bine amestecat.

b) Cu cel maşinărie încă alergare, adăuga cel ulei. Continua la proces pana cand cel amestec este cremos şi neted, adăugând apă la fel de Necesar, 1 Lingura de masa la A timp.

25. Hummus foarte fin

INGREDIENTE:

- 2 (14 uncii) conserve naut
- 2 usturoi cuişoare, zdrobit
- ¼ linguriţă sol chimion
- Suc de 1 lămâie, la care se adauga Mai mult la fel de Necesar
- ½ ceaşcă tahini
- 2 linguri extra-virgină măsline ulei, la care se adauga Mai mult pentru servire
- fulgioasă mare sare
- Prăjită pin nuci, pentru servire (optional)

INSTRUCŢIUNI:

a) În cel presiune aragaz oală, combina cel naut, cel lichid din cel conserve, şi cel usturoi. Lacăt cel capac în loc şi bucător pe înalt presiune pentru 10 minute. Rapid sau natural eliberare, apoi deschis când cel presiune cedează.

b) rezervă ½ ceaşcă de cel gătit lichid şi scurgere cel odihnă. Transfer cel naut şi usturoi la A alimente procesor şi puls pana cand Mai ales neted, despre 3 minute. Adăuga cel chimion, lămâie suc, tahini, şi măsline ulei şi puls la combina, despre 1 minut. In timp ce piure, încet adăuga cel rezervat gătit lichid, 1 Lingura de masa la A timp, pana cand ta dorit consistenta este atins. Gust şi adăuga sare la fel de Necesar.

c) Linguriţă cel hummus în A castron. Servi cu măsline ulei şi prăjită pin nuci, dacă dorit. Magazin cel hummus refrigerat în un ermetic recipient pentru sus la 1 săptămână.

26.Hummus de boabe de soia

INGREDIENTE:
- 1 ceașcă Uscat soia fasole - înmuiat și drenat
- 3 linguri Lămâie suc
- ¼ ceașcă măsline ulei
- 2 linguri Tocat proaspăt pătrunjel
- 1 Usturoi cuișoare
- Sare și piper

INSTRUCȚIUNI:
a) Piure toate ingredientele în A alimente procesor pana cand neted.
b) Bucurați-vă.

27. Hummus de naut cu curry

INGREDIENTE:
- 1/2 ceașcă uscat naut; înmuiat
- 1 dafin frunze
- 1/4 linguriță pudrată chimion
- 1/4 buchet Pătrunjel; tocat.
- 1/4 linguriță paprika
- 2 usturoi cuișoare
- 1 Lingura de masa tahini
- 1/2 lămâie; suc
- 1/4 linguriță mare sare
- 1 Lingura de masa măsline ulei

INSTRUCȚIUNI:
a) În un instant Oală, combina 3 cupe apă, naut, dafin frunze, și usturoi cuișoare.
b) Închide cel instant oală capac și bucătar pe înalt presiune pentru 18 minute.
c) Do A Natural eliberare și deschis cel instant oală acoperi când aceasta bipuri.
d) Elimina cel dafin frunze și încordare cel gătit naut.
e) Sote pentru 2 minute în cel instant Oală cu cel ulei și cel adițional ingrediente. Amestec.
f) Combina toate ingredientele în A amestecarea castron și servi.

28.Hummus cu ardei roșu (fără fasole)

INGREDIENTE:
- ½ ceașcă susan seminte, sol în A pudra
- 2 lingurite tocat usturoi
- 1 linguriță mare sare
- 2 cupe însămânțate și tăiate cubulețe roșu clopot piper
- 1/3 ceașcă tahini
- ¼ ceașcă lămâie suc
- ½ linguriță sol chimion

INSTRUCȚIUNI:

a) În A alimente procesor, proces cel susan seminte, usturoi, și sare în mic piese.
b) Adăuga cel ingredientele rămase și proces pana cand neted.
c) Voi a pastra pentru 2 zile în cel frigider.

29. Hummus de dovlecei

INGREDIENTE:
- 4 cupe zucchini, tocat
- 3 linguri vegetală stoc
- ¼ ceașcă măsline ulei
- Sare și negru piper la cel gust
- 4 usturoi cuișoare, tocat
- ¾ ceașcă susan semințe pastă
- ½ ceașcă lămâie suc
- 1 Lingura de masa chimion, sol

INSTRUCȚIUNI:
a) A stabilit ta instant oală pe sote modul, adăuga jumătate de cel ulei, căldură aceasta sus, adăuga zucchini și usturoi, se amestecă și bucătar pentru 2 minute.
b) Adăuga stoc, sare și piper, acoperi oală și bucătar pe Înalt pentru 4 minute Mai mult.
c) Transfer zucchini la ta blender, adăuga cel odihnă de cel ulei, susan semințe pastă, lămâie suc și chimion, puls bine, transfer la castroane și servi la fel de A gustare.
d) Bucurați-vă!

30. Hummus Kawarma (Miel) cu sos de lamaie

INGREDIENTE:
KAWARMA
- 10½ oz / 300 g gât file de miel, fin tocat de mână
- ¼ lingurita proaspăt sol negru piper
- ¼ lingurita proaspăt sol alb piper
- 1 lingurita sol ienibahar
- ½ lingurita sol scorţişoară
- bun ciupit de proaspăt răzuit nucşoară
- 1 lingurita zdrobit uscat za'atar sau oregano frunze
- 1 lingura alb vin oţet
- 1 lingura tocat mentă
- 1 lingura tocat frunză plată pătrunjel
- 1 lingurita sare
- 1 lingura nesărat unt sau ghee
- 1 lingurita măsline ulei

LĂMÂIE SOS
- ⅓ oz / 10 g frunză plată pătrunjel, fin tocat
- 1 verde chile, fin tocat
- 4 lingura proaspăt stors lămâie suc
- 2 lingura alb vin oţet
- 2 cuişoare usturoi, zdrobit
- ¼ lingurita sare

INSTRUCȚIUNI:

a) La face cel kawarma, loc toate ingredientele în afară din cel unt sau ghee și ulei în A mediu castron. Amesteca bine, acoperi, și permite cel amestec la marinat în cel frigider pentru 30 minute.

b) Doar inainte de tu sunt gata la bucătar cel carne, loc toate ingredientele pentru cel lămâie sos în A mic castron și se amestecă bine.

c) Căldură cel unt sau ghee și cel măsline ulei în A mare prăjire tigaie peste mediu-înalt căldură. Adăuga cel carne în Două sau Trei loturi și se amestecă la fel de tu praji fiecare lot pentru 2 minute. The carne ar trebui să fi ușoară roz în cel mijloc.

d) Divide cel hummus printre 6 individual superficial castroane, plecând A ușor gol în cel centru de fiecare. Linguriță cel cald kawarma în cel gol și împrăștia cu cel rezervat naut. Burniță generos cu cel lămâie sos și garnitură cu niste pătrunjel și cel pin nuci.

31. Musabaha și pita prăjită

INGREDIENTE:
- 1¼ cupe / 250 g uscat naut
- 1 lingurita coacerea sifon
- 1 lingura sol chimion
- 4½ lingura / 70 g uşoară tahini pastă
- 3 lingura proaspăt stors lămâie suc
- 1 cuişoare usturoi, zdrobit
- 2 lingura rece ca gheaţa apă
- 4 mic pita (4 oz / 120 g în total)
- 2 lingura măsline ulei
- 2 lingura tocat frunză plată pătrunjel
- 1 lingurita dulce paprika
- sare şi proaspăt sol negru piper

TAHINI SOS
- 5 lingura / 75 g uşoară tahini pastă
- ¼ ceaşcă / 60 ml apă
- 1 lingura proaspăt stors lămâie suc
- ½ cuişoare usturoi, zdrobit

LĂMÂIE SOS
- ⅓ oz / 10 g frunză plată pătrunjel, fin tocat
- 1 verde chile, fin tocat
- 4 lingura proaspăt stors lămâie suc
- 2 lingura alb vin oţet
- 2 cuişoare usturoi, zdrobit
- ¼ lingurita sare

INSTRUCŢIUNI:

a) Urma cel De bază hummus reţetă pentru cel metodă de înmuiere şi gătit cel naut, dar bucătar lor A mic Mai puţin; ei ar trebui să avea A mic rezistenţă stânga în lor dar încă fi complet gătit. Scurgere cel gătit naut, rezervând ⅓ cupe / 450 g) cu cel rezervat gătit apă, cel chimion, ½ linguriţă sare, şi ¼ linguriţă piper. A pastra cel amestec cald.

b) Loc cel rămas naut (1 ceaşcă / 150 g) în A mic alimente procesor şi proces pana cand tu obţine A rigid pastă. Apoi, cu cel maşinărie încă alergare, adăuga cel tahini pastă, lămâie suc, usturoi, şi ½ linguriță sare. In cele din urma, încet burniță în cel înghețată apă și amesteca pentru despre 3 minute, pana cand tu obține A foarte neted și cremos pastă. Părăsi cel hummus la unu latură.

c) In timp ce cel naut sunt gatit, tu poate sa a pregati cel alte elemente de cel farfurie. Pentru cel tahini sos, a pune toate ingredientele și A ciupit de sare în A mic castron. Amesteca bine și adăuga A mic Mai mult apă dacă Necesar la obține A consistenta puțin mai alergător decât Miere.

d) Următorul, amesteca împreună toate ingredientele pentru cel lămâie sos, și a stabilit deoparte.

e) In cele din urma, deschis sus cel pita, rupere cel Două laturi în afară. Loc sub A Fierbinte broiler pentru 2 minute, pana cand de aur și complet uscat. Permite la misto jos inainte de spargere în de formă ciudată piese.

f) Divide cel hummus printre patru individual superficial boluri; nu nivel aceasta sau presa aceasta jos, tu vrei cel înălţime. Linguriță peste cel cald naut, urmat de cel tahini sos, cel lămâie sos, și A burniță de măsline ulei. Garnitură cu cel pătrunjel și A presara de paprika și servi, însoțit cu cel prăjită pita piese.

32. Hummus adevărat

INGREDIENTE:
- 19 oz garbanzo fasole, jumătate cel lichid rezervat
- 2 linguri tahini
- 2 cuișoare usturoi, împărțit
- 4 linguri vegetal bulion
- 4 linguri lămâie suc
- 1 linguriță sare
- Negru piper la gust

INSTRUCȚIUNI:
a) ÎNCEPE de tocat cel usturoi, apoi combina aceasta cu cel garbanzo fasole în A blender și puls. rezervă 1 Lingura de masa de garbanzo fasole pentru garnitură.
b) În cel blender, amesteca cel rezervat lichid, tahini lămâie suc, și sare. Amestec cel amestec pana cand aceasta este neted și cremos.
c) Umplere pe jumătate A servire castron cu cel amestec.
d) Sezon cu piper și se toarnă în cel vegetal bulion. Garnitură cu garbanzo fasole dacă dorit.

33. Hummus de anghinare

INGREDIENTE:
- 2 cupe Gătit garbanzo fasole
- 1 ceașcă Anghinare inimile
- 6 cuișoare usturoi
- 2 Lămâi
- ½ linguriță Paprika
- ½ linguriță Chimion
- ½ linguriță Cușer sare
- ½ linguriță alb piper
- Virgin măsline ulei

INSTRUCȚIUNI:
a) Suc cel lămâi. Combina toate ingredientele dar cel ulei în cel castron de A alimente procesor, întoarce pe, și încet burniță în măsline ulei la fel de ingredientele sunt fiind prelucrate la A cremos consistenta.

34.Țelină cu hummus de fasole albă

INGREDIENTE:
- ¼ lire sterline Clătit drenat conservate alb rinichi; (cannellini) fasole
- 1 Lingura de masa Tahini; (susan pastă)
- 2 lingurite Tocat eșalotă
- 2 lingurite Proaspăt stors lămâie suc
- ¼ linguriță Usturoi pudra
- 1 liniuță Piper
- 1 Lingura de masa Fin tocat proaspăt mărar SAU 1/2 lingurita uscat mararul
- 2 medii Țelină coaste a tăia în zece 2\" bucăți

INSTRUCȚIUNI:
a) Pur și simplu Ușoară Gătit În alimente procesor, combina toate ingredientele cu exceptia mărar și țelină și proces pana cand amestec seamana A neted pastă. Se amestecă în mărar. Răspândire un egal Cantitate de fasole amestec pe fiecare bucată de țelină.

35. Hummus de fasole exotic

INGREDIENTE:
- 2 cupe Gătit alb fasole
- 1 Lingura de masa Tahini; (susan unt)
- 1 Lingura de masa Tocat usturoi
- 3 linguri Proaspăt lămâie suc
- 2 linguri Tocat pătrunjel
- 1 linguriță Tocat mentă; opțional
- 1 linguriță Întreg cereale muștar
- ¼ linguriță Fierbinte piper susan ulei; sau la gust
- Sare; la gust
- Proaspăt măcinat negru piper; la gust

INSTRUCȚIUNI:

a) În A alimente procesor sau blender adăuga toate ingredientele cu exceptia cel susan ulei și sare și piper și proces pana cand neted. Adăuga cel Fierbinte susan ulei și cel sare și piper la gust și combina cu A cuplu de mic de statura izbucni.

b) Subțire dacă dorit cu niste de cel fasole gătit lichid, apă sau zer.

c) Magazin acoperit în frigider pentru sus la 5 zile. Acest rețetă Makes despre 2 cupe de hummus.

36.Hummus de sărbători

INGREDIENTE:
- 2 medii cuişoare de usturoi; (sus la 3)
- 1 buchet Proaspăt pătrunjel
- 2 mari Cepte verde; a tăia în 1 inch bucăţi
- 2 conserve (15-1/2 oz) gagică mazăre; clătită şi drenat
- 6 linguri Tahini
- 6 linguri Proaspăt lămâie suc
- 1 linguriţă Sare

INSTRUCŢIUNI:
a) A pune usturoi, pătrunjel, şi ceai verde în A alimente procesor, şi carne tocată.
b) Adăuga cel gagică mazăre, tahini, lămâie suc, şi sare, şi piure la A gros pastă.
c) Magazin în A strâmt acoperit depozitare recipient şi la frigider.

37.Hummus cu roșii uscate la soare și coriandru

INGREDIENTE:

- 2½ ceașcă Gătit naut (1 ceașcă uscat), drenat (rezervă niste de cel lichid) -sau-
- 1 Poate sa, (15 uncii) drenat (rezervă niste de cel lichid)
- 3 mari Usturoi cuișoare, fin tocat (sau la gust)
- ¼ ceașcă Lămâie suc
- 3 linguri măsline ulei -sau-
- 2 linguri măsline ulei -și-
- 1 Lingura de masa Chili aromatizat măsline ulei
- 3 linguri Susan tahini
- ¼ ceașcă Simplu conținut scăzut de grăsimi sau fără grăsime iaurt (Mai mult dacă Necesar)
- ½ linguriță Chimion
- 3 Uscat la soare rosii în ulei, tocat aproximativ (sus la 4)
- ¼ ceașcă Proaspăt coriandru, fin tocat
- Sare
- 1 liniuță Cayenne piper, sau la gust (optional)
- niste fin tocat proaspăt coriandru pentru garnitură

INSTRUCȚIUNI:

a) A toca cel usturoi în A alimente procesor montate cu cel oțel lamă. Adăuga cel naut. Proces pentru despre A minut, pana cand cel naut sunt tocat și făinoasă.

b) Adăuga cel lămâie suc, măsline ulei, tahini, jumătate de cel iaurt și A liniuță de cayenne piper. Proces pana cand neted. Subțire afară la fel de dorit cu cel rămas iaurt și niste suplimentar măsline ulei. The amestec ar trebui să fi neted dar nu curgătoare. Dacă cel amestec pare de asemenea uscat, adăuga A pic de cel rezervat lichid din cel naut sau A pic Mai mult ulei.

c) Elimina amestec din cel alimente procesor și loc în castron. Se amestecă în cel tocat uscat la soare rosii și cel fin tocat coriandru. Gust și regla condimente. Garnitură cu cel suplimentar tocat coriandru.

d) Servi cu brut legume și/sau pita pâine feliate în triunghiular pene.

38. Hummus cu nuci de pin prajite si ulei de patrunjel

INGREDIENTE:

- ¼ ceașcă bătătorit proaspăt cu frunze plate pătrunjel crengute
- ; la care se adauga 2 la 3 adițional crengute
- ¾ ceașcă Extra-virgin măsline ulei
- 3 linguri Pin nuci
- 1 linguriță Chimion semințe
- 2 conserve Naut; (19 uncii)
- 4 Usturoi cuișoare
- ⅔ ceașcă Bine amestecat tahini*; (Mijloc estic
- ; susan pastă)
- ⅔ ceașcă Apă
- 5 linguri Proaspăt lămâie suc
- 1 linguriță Sare
- Prăjită pita chipsuri

INSTRUCȚIUNI:

a) Preîncălziți cuptor la 350 grade.

b) În A blender sau mic alimente procesor piure ¼ ceașcă pătrunjel cu ¼ ceașcă ulei. Se toarnă amestec prin A amenda sită a stabilit peste A castron, presare greu pe solide, și arunca solide.

c) În A mic coacerea tigaie paine prajita pin nuci și chimion semințe, agitând din cand in cand, pana cand nuci sunt de aur, despre 10 minute.

d) În A strecurătoare clătiți și scurgere naut și în A alimente procesor piure ½ ceașcă cu usturoi pana cand usturoi este fin tocat.

e) Adăuga tahini, apă, lămâie suc, sare, rămas naut, și rămas ½ ceașcă măsline ulei și piure pana cand neted. Rețetă Mai fi pregătit sus la acest punct 3 zile înainte.

f) A pastra hummus și pătrunjel ulei răcit, acoperit, și pin nuci și chimion semințe în un ermetic recipient la cameră temperatura. Aduce pătrunjel ulei la cameră temperatura inainte de folosind.

g) Bandă frunze din adițional pătrunjel crengute. Divide hummus între 2 superficial bucate și neted vârfuri. Burniță hummus cu pătrunjel ulei și presara cu pătrunjel, pin nuci, și chimion semințe.

h) Servi hummus cu pita pâine prăjită.

39.Hummus cu dovleac și rodie

INGREDIENTE:
- 1 ceașcă Gătit naut
- 1 ceașcă Dovleac, gătit și piure, sau conservate dovleac
- 2 linguri Tahini, orig numit pentru 1/3 ceașcă
- ¼ ceașcă Proaspăt pătrunjel, tocat
- 3 cuișoare usturoi, tocat
- 2 rodii

INSTRUCȚIUNI:
a) Pita pâine, Despică și încălzit, sau alte biscuiti, pâine, legume
b) Piure cel naut, dovleac, tahini, pătrunjel, și usturoi pana cand neted.
c) Transfer la A servire farfurie.
d) Pâine deschis cel rodii și separa cel semințe din cel interior membrană. Stropiți el seminţe peste cel hummus serv răcit sau la cameră temperatura cu cel pita sau alte „scuse".

40. Hummus cu gust de roşii

INGREDIENTE:
- 16 conserve Naut
- 1 Lămâie
- 1 cuişoare usturoi
- ½ linguriță Tahini
- 2 linguri măsline ulei
- ½ linguriță Sare
- 1 Ceapă
- 1 Roşie
- 1 ceaşcă Aspru tocat pătrunjel

INSTRUCȚIUNI:
a) Scurgere cel naut, rezervând ¼ ceaşcă lichid. Stoarce cel suc din cel lămâie.
b) Carne tocată cel usturoi, piure cel naut şi rezervat lichid, lămâie suc, usturoi, tahini, ulei şi sare în A alimente procesor pana cand foarte neted.
c) A toca cel ceapă şi roşie şi arunca cu cel pătrunjel. A pune cel hummus pe A farfurie şi aranja cel savura Următorul la aceasta.
d) Burniță cel hummus cu adițional măsline ulei.

41. Dip cu hummus cu conținut scăzut de grăsimi

INGREDIENTE:
- 1 poate sa (16 oz) garbanzo fasole; naut
- 1 linguriţă Tahini
- 1 linguriţă Extra-virgin măsline ulei
- 1 linguriţă Tocat usturoi
- 1 Lingura de masa Apă
- ¼ linguriţă Piper
- 2 lingurite Proaspăt lămâie suc
- Cayenne piper la gust
- ½ linguriţă Chimion
- ⅛ linguriţă Sare
- 2 Fierte tari ouă; gălbenuşuri îndepărtat
- 2 linguri Tocat negru măsline
- 1 crenguţă pătrunjel

INSTRUCŢIUNI:

a) Scurgere şi clătiţi cel garbanzo fasole. Încerca la elimina la fel de mult de cel liber exterior acoperire de cel fasole pe parcursul cel clătirea proces la fel de posibil. Aruncă aceste exterior acoperiri. Proces toate ingredientele cu exceptia cel ouă, masline, şi pătrunjel în A blender sau alimente procesor pana cand neted. Loc în A servire farfurie.

b) Elimina cel ou gălbenuşuri şi Salvaţi pentru o alta reţetă sau arunca. A toca cel ou albii în mic bucăţi, amesteca cu cel masline, şi presara peste cel scufundare.

c) Garnitură cu pătrunjel la servi.

42.Hummus din Saskatchewan

INGREDIENTE:
- ¼ ceașcă Arahide unt
- ½ linguriță Chimion
- ½ linguriță Sare
- 2 cuișoare Usturoi
- 2 linguri Lămâie suc
- 3 linguri ;Fierbinte apă
- 1 linguriță Susan ulei
- 2½ ceașcă Galben Despică mazăre; gătit
- Proaspăt pătrunjel
- Arahide; opțional
- Negru măsline; opțional

Cel mai Hummus Rețete start cu Garbanzo fasole; acest variație utilizări galben Despică mazăre și A mic arahide unt.

INSTRUCȚIUNI:
a) Combina arahide unt, chimion, sare și usturoi. Adăuga lămâie suc, Fierbinte apă și susan ulei; amesteca temeinic. Piure cel Despică mazăre; adăuga arahide unt și amesteca. Garnitură cu pătrunjel și opțional tocat arahide sau feliate negru măsline. Servi cu Pita pâine și proaspăt legume pentru scufundare.

43.Hummus pesto

INGREDIENTE:
- 1 poate sa Naut (garbanzo fasole), Aproape drenat (a pastra suc)
- 2 ciorchini Busuioc (sau asa de), tocat.
- ½ Lămâie suc

INSTRUCȚIUNI:
a) A pune naut, busuioc, și niste de cel lămâie în castron. Piure folosind blender. Adăuga lămâie suc pana cand consistenta și gust sunt plăcut. Dacă încă de asemenea gros, tu poate sa adăuga niste de cel resturi suc din cel naut poate sa. Servi la fel de A scufundare sau utilizare la fel de A răspândire pe proaspăt pâine.

44. Hummus cremos de conopidă

INGREDIENTE:
- 1 conopidă cap, a tăia în buchetele
- 2 lingura proaspăt lămâie verde suc
- 1 lingurita usturoi, tocat
- 1/3 ceașcă tahini
- 3 lingura măsline ulei
- Piper
- Sare

INSTRUCȚIUNI:
a) Răspândire conopidă pe cel foaie tigaie.
b) Selectați coace modul apoi a stabilit cel temperatura la 400 °F și timp pentru 35 minute. presa start.
c) O singura data cel Aer Friteuza Cuptor este preîncălzit apoi loc cel foaie tigaie în cel cuptor.
d) Transfer conopidă în cel alimente procesor. Adăuga ingredientele rămase și proces pana cand neted.
e) Servi și bucură-te.

45.Hummus de morcovi prăjiți

INGREDIENTE:
- 1 poate sa de naut, clătită și drenat.
- 3 morcovi.
- 1 cuișoare usturoi.
- 1 linguriță de paprika.
- 1 încărcat Lingura de masa de tahini.
- The suc de 1 lămâie
- 2 linguri de adițional virgin măsline ulei.
- 6 linguri de apă.
- ½ lingurite chimion pudra.
- Sare la gust.

INSTRUCȚIUNI:
a) Preîncălziți cel cuptor la 400° F. Spalare și pieliță cel morcovi și a tăia lor în mic bucăți, a pune lor pe A coacerea tavă cu A burniță de măsline ulei, A ciupit de sare și jumătate A linguriță de paprika. Coace pentru despre 35 minute sus pana cand cel morcov este moale.
b) Lua lor afară de cel cuptor și lăsa misto.
In timp ce ei misto, a pregati cel hummus: spalare și scurgere bine cel naut și a pune lor în A alimente moara cu cel odihnă de cel activ ingrediente și procedură pana cand tu vedea A bine combinate amestec. Apoi adăuga cel morcovi și cel usturoi și procedură din nou!

BABA GANOUSH

46.Baba Ganoush

INGREDIENTE:
- 1 vinete mare
- O mână de pătrunjel
- 1-2 catei de usturoi
- Suc de 2 lămâi
- 2 linguri de tahini
- Sare si piper negru dupa gust

INSTRUCȚIUNI:
a) Preîncălziți grătarul la mediu-mare și gătiți vinetele întregi timp de aproximativ o jumătate de oră.
b) Tăiați-l și răzuiți interiorul cu o lingură, apoi puneți carnea într-o strecurătoare.
c) Se amestecă până la omogenizare.

47.Dip cu vinete prăjite cu tărăciune

INGREDIENTE:
- 3 vinete glob (aproximativ 3 lire sau 1,35 kg, total)
- 1 ceapa rosie, fara coaja
- 2 catei de usturoi, tocati
- ¼ cană (60 ml) ulei de măsline, plus mai mult pentru stropire
- ¾ linguriță de sare kosher, plus mai mult pentru condimente
- ¼ cană (60 g) tahini
- 2 linguri (30 ml) suc proaspăt de lămâie
- ¼ linguriță de chimen măcinat
- O mână de pătrunjel proaspăt tocat, plus mai mult pentru ornat
- Sumac, pentru ornat

INSTRUCȚIUNI:

a) Pregătiți un foc fierbinte cu un singur nivel într-un focar și împrăștiați cărbunii într-un pat plat și uniform de cel puțin 2 inchi (5 cm) adâncime.

b) Înțepăți vinetele în mai multe locuri cu o furculiță.

c) Pune vinetele și ceapa rosie direct pe cărbuni. Prăjiți, întorcându-se din când în când, până când vinetele s-au prăbușit, pulpa lor este foarte moale, iar coaja este carbonizată peste tot, aproximativ 20 de minute pentru vinete și 30 de minute pentru ceapă.

d) Transferați legumele pe o masă de tăiat și lăsați să se răcească.

e) Înjumătățiți vinetele pe lungime. Scoateți carnea și puneți-o într-o strecurătoare cu plasă. (Este bine să lăsați câteva dintre bucățile arse, deoarece adaugă aromă.) Lăsați să se scurgă cel puțin 15 minute, zdrobind carnea cu dosul unei linguri, după cum este necesar, pentru a elibera excesul de lichid.

f) Între timp, tăiați și curățați ceapa. Tăiați-l grosier și transferați-l într-un robot de bucătărie. Adăugați usturoiul, uleiul de măsline și sarea. Pulsați într-un piure gros. Adăugați vinetele, tahini, sucul de lămâie și chimenul. Pulsați până când ingredientele sunt combinate, dar au încă puțină textură. Gustați și adăugați mai multă sare, după dorință.

g) Transferați baba ghanoush într-un castron mediu și amestecați pătrunjelul.

h) Se stropesc cu putin ulei de masline, se presara deasupra un praf de Sumac si se orneaza cu patrunjel inainte de servire.

48. italianul Baba Ghanoush

INGREDIENTE:
- 4 vinete mari italiene
- 2 catei de usturoi macinati
- 2 lingurite sare kosher, sau dupa gust
- 1 lămâie, suc sau mai mult după gust
- 3 linguri de tahini, sau mai multe după gust
- 3 linguri ulei de măsline extravirgin
- 2 linguri iaurt grecesc simplu
- 1 praf de ardei cayenne, sau dupa gust
- 1 frunză de mentă proaspătă, tocată (Opțional)
- 2 linguri patrunjel italian proaspat tocat

INSTRUCȚIUNI:
a) Preîncălziți un grătar de exterior la foc mediu-mare și ungeți ușor grătarul.
b) Înțepați de mai multe ori suprafața coajelor de vinete cu vârful unui cuțit.
c) Pune vinetele direct pe gratar. Întoarceți frecvent cu cleștele în timp ce pielea se carbonizează.
d) Gătiți până vinetele s-au prăbușit și sunt foarte moi, aproximativ 25 până la 30 de minute.
e) Transferați într-un castron, acoperiți strâns cu folie de aluminiu și lăsați să se răcească aproximativ 15 minute.
f) Când vinetele sunt suficient de reci pentru a fi manipulate, împărțiți-le în jumătate și răzuiți carnea într-o strecurătoare pusă peste un castron.
g) Scurgeți timp de 5 sau 10 minute.
h) Transferați vinetele într-un bol de mixare și adăugați usturoiul zdrobit și sare.
i) Pasează până devine cremos, dar cu puțină textură, aproximativ 5 minute.
j) Se amestecă sucul de lămâie, tahini, uleiul de măsline și ardeiul cayenne.
k) Se amestecă iaurt.
l) Acoperiți vasul cu folie de plastic și lăsați-l la frigider până se răcește complet, aproximativ 3 sau 4 ore.
m) Gustați pentru a ajusta condimentele.
n) Inainte de servire se adauga menta tocata si patrunjelul tocat.

49.Sfecla Baba Ganoush

INGREDIENTE:
- 2 sfeclă medie, prăjită și curățată de coajă
- 2 vinete medii, prajite si curatate de coaja
- 2 catei de usturoi, tocati
- 2 linguri tahini
- Suc de 1 lămâie
- 2 linguri ulei de masline
- Sare si piper dupa gust
- Pătrunjel proaspăt, tocat (pentru garnitură)

INSTRUCȚIUNI:
a) Preîncălziți cuptorul la 400°F (200°C). Înfășurați sfecla individual în folie de aluminiu și prăjiți aproximativ 45-60 de minute, sau până când se înmoaie. Lăsați-le să se răcească, apoi curățați-le și cubulețe.
b) Prăjiți vinetele alături de sfeclă timp de aproximativ 30-40 de minute, sau până când pielea este carbonizată și pulpa este moale. Lăsați-le să se răcească, apoi curățați-le și cubulețe.
c) Într-un robot de bucătărie, combinați sfecla prăjită, vinetele prăjite, usturoiul tocat, tahini, sucul de lămâie și uleiul de măsline. Se amestecă până la omogenizare.
d) Se condimenteaza cu sare si piper dupa gust. Ajustați consistența cu ulei de măsline suplimentar sau tahini, dacă doriți.
e) Transferați baba ganoush de sfeclă într-un castron de servire și decorați cu pătrunjel proaspăt tocat înainte de servire.
f) Savurați cu pâine pita, biscuiți sau legume feliate.

50. Avocado Baba Ganoush

INGREDIENTE:
- 2 avocado coapte
- 2 vinete medii, prajite si curatate de coaja
- 2 catei de usturoi, tocati
- 2 linguri tahini
- Suc de 1 lime
- 2 linguri ulei de masline
- Sare si piper dupa gust
- Coriandru, tocat (pentru garnitură)

INSTRUCȚIUNI:

a) Într-un robot de bucătărie, combinați pulpa de avocado copt, vinetele prăjite și curățate, usturoiul tocat, tahini, sucul de lămâie și uleiul de măsline. Se amestecă până la omogenizare.

b) Se condimenteaza cu sare si piper dupa gust. Ajustați consistența cu ulei de măsline suplimentar sau tahini, dacă este necesar.

c) Transferați baba ganoush de avocado într-un castron de servire și decorați cu coriandru tocat înainte de servire.

d) Serviți cu chipsuri tortilla, pâine pita prăjită sau bețișoare de legume pentru înmuiere.

51. Curry Baba Ganoush

INGREDIENTE:
- 2 vinete medii, prajite si curatate de coaja
- 2 catei de usturoi, tocati
- 2 linguri tahini
- Suc de 1 lămâie
- 2 linguri ulei de masline
- 1 lingurita praf de curry
- 1/2 lingurita de chimen macinat
- 1/4 lingurita coriandru macinat
- Sare si piper dupa gust
- Coriandru proaspăt, tocat (pentru garnitură)

INSTRUCȚIUNI:

a) Într-un robot de bucătărie, combinați vinetele prăjite și curățate, usturoiul tocat, tahini, sucul de lămâie, uleiul de măsline, pudra de curry, chimenul măcinat și coriandru măcinat. Se amestecă până la omogenizare.

b) Se condimenteaza cu sare si piper dupa gust. Ajustați condimentele sau consistența cu condimente suplimentare, suc de lămâie sau ulei de măsline, dacă doriți.

c) Transferați curry baba ganoush într-un castron de servire și decorați cu coriandru proaspăt tocat înainte de servire.

d) Serviți cu pâine naan, chipsuri pita sau crudités de legume pentru înmuiere.

52. Nuc Baba Ganoush

INGREDIENTE:
- 2 vinete medii, prajite si curatate de coaja
- 1/2 cană nuci, prăjite
- 2 catei de usturoi, tocati
- 2 linguri tahini
- Suc de 1 lămâie
- 2 linguri ulei de masline
- 1/4 lingurita chimen macinat
- Sare si piper dupa gust
- Pătrunjel proaspăt, tocat (pentru garnitură)

INSTRUCȚIUNI:
a) Într-un robot de bucătărie, combinați vinetele prăjite și curățate, nucile prăjite, usturoiul tocat, tahini, sucul de lămâie, uleiul de măsline și chimenul măcinat. Se amestecă până la omogenizare.
b) Se condimenteaza cu sare si piper dupa gust. Ajustați condimentul sau consistența cu suc de lămâie sau ulei de măsline, dacă este necesar.
c) Transferați baba ganoush cu nucă într-un castron de servire și ornat cu pătrunjel proaspăt tocat înainte de servire.
d) Serviți cu biscuiți, grisioane sau crudités de legume pentru înmuiere.

53.Ardei roșu prăjit Baba Ganoush

INGREDIENTE:
- 2 vinete medii, prajite si curatate de coaja
- 2 ardei rosii prajiti, curatati de coaja si fara samburi
- 2 catei de usturoi, tocati
- 2 linguri tahini
- Suc de 1 lămâie
- 2 linguri ulei de masline
- Un praf de boia afumata
- Sare si piper dupa gust
- Frunze de busuioc proaspăt, tocate (pentru garnitură)

INSTRUCȚIUNI:

a) Într-un robot de bucătărie, combinați vinetele prăjite și curățate, ardeii roșii prăjiți, usturoiul tocat, tahini, sucul de lămâie, uleiul de măsline și boiaua afumată. Se amestecă până la omogenizare.

b) Se condimenteaza cu sare si piper dupa gust. Ajustați condimentul sau consistența cu suc de lămâie sau ulei de măsline, dacă doriți.

c) Transferați baba ganoush de ardei roșu prăjit într-un castron de servire și decorați cu frunze de busuioc proaspăt tocate înainte de servire.

d) Serviți cu chipsuri pita, pâine sau bețișoare de legume pentru înmuiere.

54.Rodie Baba Ganoush

INGREDIENTE:
- 2 vinete medii, prajite si curatate de coaja
- Seminte de la 1 rodie
- 2 catei de usturoi, tocati
- 2 linguri tahini
- Suc de 1 lămâie
- 2 linguri ulei de masline
- Un praf de scortisoara macinata
- Sare si piper dupa gust
- Frunze de menta proaspata, tocate (pentru garnitura)

INSTRUCȚIUNI:
a) Într-un robot de bucătărie, combinați vinetele prăjite și curățate, semințele de la o rodie, usturoiul tocat, tahini, sucul de lămâie, uleiul de măsline și scorțișoara măcinată. Se amestecă până la omogenizare.
b) Se condimenteaza cu sare si piper dupa gust. Ajustați condimentul sau consistența cu suc de lămâie sau ulei de măsline, dacă este necesar.
c) Transferați baba ganoush de rodie într-un castron de servire și decorați cu frunze de mentă proaspătă tocate înainte de servire.
d) Serviți cu pâine pita prăjită, biscuiți lavash sau crudités de legume pentru înmuiere.

55.Tartinată de vinete cu nuci

INGREDIENTE:
- 2 linguri măsline ulei
- 1 mic ceapă, tocat
- 1 mic vânătă, decojite și a tăia în -inch zaruri
- 2 usturoi cuișoare, tocat
- linguriță sare
- 1/8 linguriță sol cayenne
- ceașcă tocat nuci
- 1 Lingura de masa proaspăt tocat busuioc
- 2 linguri Vegetarian maioneză
- 2 linguri tocat proaspăt pătrunjel, pentru garnitură

INSTRUCȚIUNI:
a) În A mare tigaie, căldură cel ulei peste mediu căldură. Adăuga cel ceapă, vânătă, usturoi, sare, și cayenne. Acoperi și bucătar pana cand moale, despre 15 minute. Se amestecă în cel nuci și busuioc și a stabilit deoparte la misto.
b) Transfer cel răcit vânătă amestec la A alimente procesor. Adăuga cel maioneză și proces pana cand neted. Gust, reglare condimente dacă necesar, și apoi transfer la A mediu castron și garnitură cu cel pătrunjel.
c) Dacă nu folosind dreapta departe, acoperi și la frigider pana cand Necesar.
d) În mod corespunzător depozitat, aceasta voi a pastra pentru sus la 3 zile.

GUACAMOLE

56. Guacamole cu usturoi

INGREDIENTE:

- 2 avocado, fără sâmburi
- 1 rosie, fara samburi si tocata marunt
- ½ lingură suc proaspăt de lămâie
- ½ ceapă galbenă mică, tocată mărunt
- 2 catei de usturoi, presati
- ¼ linguriță sare de mare
- Strop de piper
- Frunza de coriandru proaspătă tocată

INSTRUCȚIUNI:

a) Folosind un zdrobitor de cartofi, zdrobiți avocado într-un castron mic.
b) Serviți imediat după ce amestecați ingredientele suplimentare în piureul de avocado.

57.Guacamole cu brânză de capră

INGREDIENTE:
- 2 avocado
- 3 uncii de capră brânză
- zest din 2 tei
- lămâie suc din 2 tei
- ¾ linguriţă usturoi pudra
- ¾ linguriţă ceapă pudra
- ½ linguriţă sare
- ¼ linguriţă roşu piper fulgi (optional)
- ¼ linguriţă piper

INSTRUCŢIUNI:
a) Adăuga avocado la A alimente procesor şi amestec pana cand neted.
b) Adăuga restul de ingredientele şi amestec pana cand încorporate.
c) Servi cu chipsuri.

58. Guacamole cu hummus

INGREDIENTE:
- 1 fiecare Copt avocado, decojite
- 2 cupe Hummus bi tahini
- 1 fiecare ceapa, tocat
- 1 mic Roșie, tocat
- 1 Lingura de masa Verde ardei iute, tocat
- măsline ulei
- coriandru, tocat
- Pita

INSTRUCȚIUNI:
a) Chiuretă avocado în A mediu castron. piure & adăuga hummus, amestec temeinic. Cu blândețe se amestecă în cel ceapa, roșie & ardei iute.
b) Verifica condimente. Acoperi & la frigider.
c) Inainte de servire, burniță cu măsline ulei & garnitură cu coriandru.
d) Servi cu pita pene.

59. Kimchi Guacamole

INGREDIENTE:
- 3 avocado coapte, piure
- 1 cană de kimchi, tocat
- ¼ cană ceapă roșie, tăiată mărunt
- 1 lime, suc
- Sare si piper dupa gust
- Chipsuri de tortilla pentru servire

INSTRUCȚIUNI:
a) Într-un castron, pasează avocado.
b) Adăugați kimchi tocat, ceapa roșie, suc de lămâie, sare și piper. Amesteca bine.
c) Servește kimchi guacamole cu chipsuri tortilla.

60. Spirulina Guacamole Dip

INGREDIENTE:
- 2 avocado, fără sâmburi
- Suc de 1 lămâie
- Suc de 1 lime
- 1 catel de usturoi, tocat grosier
- 1 ceapa galbena medie, tocata grosier
- 1 jalapeno, feliat
- 1 cană frunze de coriandru
- 3 linguri spirulina
- 1 roșie fără semințe și măruntite sau ½ cană roșii struguri, tăiate la jumătate
- Sare si piper dupa gust

INSTRUCȚIUNI:
a) Pune toate ingredientele , cu excepția roșiilor, într-un blender și amestecă până se omogenizează.
b) Se amestecă roșiile și se condimentează după gust.

61. Guacamole cu nucă de cocos și lămâie

INGREDIENTE:
- 2 avocado coapte
- Suc de 1 lime
- Zest de 1 lime
- 2 linguri coriandru proaspăt tocat
- 2 linguri ceapa rosie taiata cubulete
- 2 linguri nucă de cocos mărunțită
- Sare si piper dupa gust

INSTRUCȚIUNI:
a) Într-un castron, zdrobiți avocado coapte cu o furculiță până devine cremos.
b) Adăugați sucul de lămâie, coaja de lămâie, coriandru tocat, ceapa roșie tăiată cubulețe, nuca de cocos mărunțită, sare și piper.
c) Se amestecă bine pentru a combina toate ingredientele.
d) Gustați și ajustați condimentele după cum doriți.
e) Servește guacamole de lămâie cu nucă de cocos cu chipsuri de tortilla sau folosește-l ca topping delicios pentru tacos, sandvișuri sau salate.
f) Bucurați-vă de aromele cremoase și acidulate ale acestei variante tropicale de guacamole!

62. Nori Guacamole

INGREDIENTE:
- 1 avocado, decojit, fără sâmburi și piure
- 1 ceapă, feliată subțire
- 1 lingură suc proaspăt de lămâie
- 1 lingura coriandru tocat
- Sare kosher și piper proaspăt măcinat
- 2 linguri de gustări cu alge prăjite mărunțite
- Prajituri sau biscuiti cu orez brun, pentru servire

INSTRUCȚIUNI:
a) Combinați avocado, ceapă verde, sucul de lămâie și coriandru într-un castron.
b) Asezonați cu sare și piper. Se presară cu alge prăjite și se servesc cu prăjituri de orez.

63. Guacamole cu fructul pasiunii

INGREDIENTE:
- 2 avocado coapte, curatate de coaja si piure
- ¼ cană ceapă roșie tăiată cubulețe
- ¼ cană coriandru proaspăt tocat
- 1 ardei jalapeño, fără semințe și tăiat cubulețe
- 2 linguri suc de lamaie
- ¼ cană pulpă de fructul pasiunii
- Sare si piper dupa gust

INSTRUCȚIUNI:
a) Într-un castron, amestecați piureul de avocado, ceapa roșie, coriandru, ardeiul jalapeño, sucul de lămâie și pulpa de fructul pasiunii.
b) Asezonați cu sare și piper.
c) Răciți la frigider pentru cel puțin 30 de minute înainte de servire.
d) Serviți cu chipsuri tortilla sau ca topping pentru tacos.

64. Moringa guacamole

INGREDIENTE:
- 2-4 linguriţe de pudră de Moringa
- 3 avocado coapte
- 1 ceapa rosie mica, tocata marunt
- O mână de roşii cherry, spălate şi tocate mărunt
- 3 ramuri cu frunze de coriandru, spalate si tocate marunt
- Ulei de măsline extravirgin, pentru a picura
- Suc de 1 lime
- Condimente: sare, piper, oregano uscat, boia de ardei şi seminţe de coriandru măcinate

INSTRUCŢIUNI:
a) Tăiaţi în jumătate, stricaţi şi tocaţi grosier avocado. Lăsaţi deoparte o mână de avocado tocat gros.
b) Turnaţi restul ingredientelor într-un castron mare şi folosiţi o furculiţă pentru a piure guacamole şi amestecaţi bine.
c) Adăugaţi restul de avocado şi presăraţi deasupra câteva frunze de coriandru.

65. Mojito Guacamole

INGREDIENTE:
- 3 avocado coapte, piure
- ¼ cană ceapă roșie, tăiată mărunt
- ¼ cană coriandru proaspăt, tocat
- 1 jalapeño, semințele îndepărtate și tocate mărunt
- 2 linguri suc proaspăt de lămâie
- 1 lingurita zahar
- Sare si piper dupa gust
- Chipsuri de tortilla pentru servire

INSTRUCȚIUNI:
a) Într-un castron, combinați piure de avocado, ceapa roșie, coriandru, jalapeño și sucul de lămâie.
b) Se amestecă zahăr, sare și piper după gust.
c) Serviți cu chipsuri tortilla și bucurați-vă de Mojito Guacamole!

66. Mimoza Guacamole

INGREDIENTE:
- 2 avocado coapte, piure
- ¼ cană ceapă roșie tăiată cubulețe
- ¼ cană roșii tăiate cubulețe
- ¼ cană coriandru tocat
- 1 jalapeno, fără semințe și tocat mărunt
- 2 linguri suc proaspăt de lămâie
- 2 linguri de sampanie
- Sare si piper dupa gust

INSTRUCȚIUNI:
a) Într-un castron mediu, combinați piureul de avocado, ceapa roșie, roșiile, coriandru și jalapeno.
b) Se amestecă sucul proaspăt de lămâie și șampania.
c) Se condimenteaza cu sare si piper dupa gust.
d) Serviți cu chipsuri tortilla sau bețișoare de legume pentru înmuiere.

67.Guacamole de floarea soarelui

INGREDIENTE:
- 2 avocado
- Suc de ½ lime
- ¼ lingurita sare
- ⅔ cană de lăstari de floarea soarelui mărunțiți
- ¼ cana ceapa rosie tocata marunt
- ½ jalapeno, tocat fin

INSTRUCȚIUNI:
a)   Combină toate ingredientele într-un bol și pasează într-un amestec gros.

68. Guacamole din fructele dragonului

INGREDIENTE:
- 1 fruct dragon
- 2 avocado coapte
- ¼ cană ceapă roșie tăiată cubulețe
- ¼ cană coriandru tocat
- 1 ardei jalapeno, fără semințe și tocat
- 2 linguri suc de lamaie
- Sare si piper dupa gust
- Chipsuri de tortilla, pentru servire

INSTRUCȚIUNI:
a) Tăiați fructele dragonului în jumătate și scoateți carnea.
b) Într-un castron mediu, zdrobiți avocado cu o furculiță sau un zdrobitor de cartofi.
c) Încorporați fructele dragonului, ceapa roșie, coriandru, ardei jalapeno, suc de lămâie, sare și piper.
d) Se amestecă bine și se lasă guacamole să stea cel puțin 10 minute pentru a permite aromelor să se topească.
e) Se serveste racit cu chipsuri tortilla.

DIPS PE BAZĂ DE TAHINI

69. Dip cremoasă de spanac-tahini

INGREDIENTE:
- 1 (10 uncii) pachet de proaspăt bebelus spanac
- 1 la 2 usturoi cuişoare
- **1** lingurita sare
- ⅓ ceaşcă tahini (susan pastă)
- Suc de 1 lămâie
- Sol cayenne
- 2 lingurite prăjită susan seminte, pentru garnitură

INSTRUCŢIUNI:
a) Uşor aburi cel spanac pana cand ofilit, despre 3 minute. Stoarce uscat şi a stabilit deoparte.
b) În A alimente procesor, proces cel usturoi şi sare pana cand fin tocat. Adăuga cel aburit spanac, tahini, lămâie suc, şi cayenne la gust.
c) Proces pana cand bine amestecate şi gust, reglare condimente dacă necesar.
d) Transfer cel scufundare la A mediu castron şi presara cu cel susan seminţe. Dacă nu folosind dreapta departe, acoperi şi la frigider pana cand Necesar.
e) În mod corespunzător depozitat, aceasta voi a pastra pentru sus la 3 zile.

70.Dip Tahini cu ardei roșu prăjit picant

INGREDIENTE:
- 2 ardei gras roșii mari, prăjiți, curățați de coajă și fără semințe
- 1/3 cană tahini
- 2 catei de usturoi, tocati
- Suc de 1 lămâie
- 1 lingura ulei de masline
- 1/2 lingurita chimen
- 1/4 lingurita boia afumata
- Sare si piper dupa gust
- Pătrunjel proaspăt tocat pentru decor

INSTRUCȚIUNI:

a) Într-un robot de bucătărie, combinați ardeii roșii prăjiți, tahini, usturoiul tocat, sucul de lămâie, uleiul de măsline, chimenul și boiaua afumată. Se amestecă până la omogenizare.

b) Se condimenteaza cu sare si piper dupa gust. Ajustați condimentul sau consistența cu suc de lămâie sau tahini, dacă este necesar.

c) Transferați diep-ul într-un castron de servire și decorați cu pătrunjel proaspăt tocat înainte de servire.

d) Serviți cu pâine pita, biscuiți sau bețișoare de legume pentru înmuiere.

71.Dip de Tahini cu Lămâie

INGREDIENTE:
- 1/2 cană tahini
- Suc de 1 lămâie
- Zest de 1 lămâie
- 2 catei de usturoi, tocati
- 2 linguri patrunjel proaspat tocat
- 1 lingură mărar proaspăt tocat
- 1 lingura menta proaspata tocata
- 2 linguri ulei de masline
- Sare si piper dupa gust
- Rotunde de lămâie tăiate subțiri pentru decor

INSTRUCȚIUNI:

a) Într-un castron, amestecați tahini, sucul de lămâie, coaja de lămâie, usturoiul tocat, pătrunjelul tocat, mărarul, menta și uleiul de măsline până se combină bine.

b) Se condimenteaza cu sare si piper dupa gust. Ajustați condimentul sau consistența cu suc de lămâie sau tahini, dacă doriți.

c) Transferați diep-ul într-un castron de servire și decorați cu rondele de lămâie tăiate subțiri înainte de servire.

d) Serviți cu pâine pita prăjită, felii de castraveți sau ca tartinat pentru sandvișuri.

72.Dip cremoasă de tahini de sfeclă

INGREDIENTE:
- 1 sfeclă medie, prăjită, decojită și tăiată cubulețe
- 1/3 cană tahini
- 2 catei de usturoi, tocati
- Suc de 1 lămâie
- 1 lingura ulei de masline
- 1/2 lingurita de chimen macinat
- Sare si piper dupa gust
- Seminte de susan prajite pentru garnitura

INSTRUCȚIUNI:
a) Într-un robot de bucătărie, combinați sfecla prăjită și tăiată cubulețe, tahini, usturoiul tocat, sucul de lămâie, uleiul de măsline și chimenul măcinat. Se amestecă până la omogenizare.
b) Se condimenteaza cu sare si piper dupa gust. Ajustați condimentul sau consistența cu suc de lămâie sau tahini, dacă este necesar.
c) Transferați diep-ul într-un castron de servire și decorați cu semințe de susan prăjite înainte de servire.
d) Serviți cu legume crudité, grisine sau ca un plus colorat la un platou mezze.

73.Dip de tahini cu roșii uscate și busuioc

INGREDIENTE:
- 1/2 cană tahini
- 1/4 cana rosii uscate la soare (ambalate in ulei), scurse si tocate
- 2 linguri frunze proaspete de busuioc tocate
- 2 catei de usturoi, tocati
- Suc de 1 lămâie
- 2 linguri ulei de masline
- Sare si piper dupa gust
- Nuci de pin pentru garnitură (opțional)

INSTRUCȚIUNI:
a) Într-un robot de bucătărie, combinați tahina, roșiile uscate la soare, busuiocul tocat, usturoiul tocat, sucul de lămâie și uleiul de măsline. Se amestecă până la omogenizare.
b) Se condimenteaza cu sare si piper dupa gust. Ajustați condimentul sau consistența cu suc de lămâie sau tahini, dacă este necesar.
c) Transferați diep-ul într-un castron de servire și ornați cu nuci de pin, dacă doriți, înainte de servire.
d) Serviți cu grisine, biscuiți sau crudités de legume pentru înmuiere.

74. Dip Tahini cu turmeric și ghimbir

INGREDIENTE:
- 1/2 cană tahini
- 1 lingurita turmeric macinat
- 1 lingurita de ghimbir proaspat ras
- 2 catei de usturoi, tocati
- Suc de 1 lămâie
- 2 linguri ulei de masline
- Un praf de piper cayenne
- Sare si piper dupa gust
- Coriandru proaspăt tocat pentru decor

INSTRUCȚIUNI:
a) Într-un castron, combinați tahini, turmericul măcinat, ghimbirul ras, usturoiul tocat, sucul de lămâie, uleiul de măsline și un praf de piper cayenne. Se amestecă până se combină bine.
b) Se condimenteaza cu sare si piper dupa gust. Ajustați condimentul sau consistența cu suc de lămâie sau tahini, dacă doriți.
c) Transferați diep-ul într-un castron de servire și ornați cu coriandru proaspăt tocat înainte de servire.
d) Serviți cu pâine naan, chipsuri pita sau ca o baie pentru legume prăjite.

75.Dip de tahini de arțar și scorțișoară

INGREDIENTE:
- 1/2 cană tahini
- 2 linguri sirop de arțar
- 1/2 lingurita de scortisoara macinata
- 1/4 lingurita extract de vanilie
- Un praf de sare de mare
- Suc de 1/2 lămâie
- 2-3 linguri apă (opțional, pentru subțiere)
- Mere, pere sau covrigei tăiate felii pentru înmuiere

INSTRUCȚIUNI:
a) Într-un castron, amestecați tahini, siropul de arțar, scorțișoara măcinată, extractul de vanilie, un praf de sare de mare și sucul de lămâie până la omogenizare.
b) Dacă dip-ul este prea gros, adăugați apă, câte o lingură, până când se obține consistența dorită.
c) Transferați dip-ul într-un castron de servire și serviți cu mere, pere sau covrigei tăiate felii pentru înmuiere.
d) Savurați ca o gustare dulce și cremoasă sau ca o baie de desert.

DIPS DE BRÂNZĂ

76.Brick Cheese Dip

INGREDIENTE:
- 3 oz ricotta brânză
- 3 oz proaspăt răzuit cărămidă brânză
- 3 linguri proaspăt cimbru frunze
- 6 oz capră brânză
- 1 oz parmezan greu brânză, proaspăt răzuit
- 4 benzi tăiat gros slănină, gătit și sfărâmat
- Sare și piper, la gust

INSTRUCȚIUNI:
a) A pregati cel cuptor pentru la grătar.
b) Combina toate de ingredientele în A coacerea farfurie.
c) Stropiți cel parmezan brânză peste cel farfurie.
d) Coace în A preîncălzit cuptor pentru 5 minute, sau pana cand cel brânză începe la maro și bule.
e) Elimina din cel cuptor și servi imediat.

77. Dip cu brânză albastră și brânză Gouda

INGREDIENTE:
- 2 linguri nesărat unt
- 1 ceașcă dulce ceapă, tăiate cubulețe
- 2 cupe cremă brânză, la cameră temperatura
- ⅛ linguriță sare
- ⅛ linguriță alb piper
- ⅓ ceașcă Montucky Rece Gustări
- 1 ½ cupe tocat fals pui
- ½ ceașcă Miere muștar, la care se adauga Mai mult pentru burniță
- 2 linguri fermă pansament
- 1 ceașcă mărunțită cheddar brânză
- 2 cupe Gouda brânză, mărunțită
- 2 linguri albastru brânză pansament
- ⅓ ceașcă sfărâmat albastru brânză, la care se adauga Mai mult pentru topping
- ¾ ceașcă Miere grătar sos, la care se adauga Mai mult pentru burniță

INSTRUCȚIUNI:
a) În A mare tigaie, topi cel unt peste scăzut căldură.
b) Se amestecă în cel tăiate cubulețe ceapa și sezon cu sare și piper.
c) bucătar pentru 5 minute, sau pana cand puțin înmuiat.
d) Bucătar, agitând des, pana cand cel ceapa carameliza, despre 25 la 30 minute.
e) Preîncălziți cel cuptor la 375° F.
f) Palton A 9 inchi coacerea farfurie cu antiaderente gătit spray.
g) Combina cel cremă brânză, toate de cel brânză, grătar sos, Miere muștar, fermă îmbrăcăminte, și albastru brânză în A mare amestecarea castron.
h) Adăuga cel caramelizat ceapa și fals pui.
i) Loc cel aluat în A coacerea farfurie.
j) Garnitură cu cel rămas brânză.
k) Coace cel scufundare pentru 20–25 minute, sau pana cand de aur.
l) Servi imediat.

78. Cremă de brânză și miere

INGREDIENTE:
- 2 uncii de crema de branza
- 2 linguri miere
- ¼ cană suc de portocale stors
- ½ lingurita de scortisoara macinata

INSTRUCȚIUNI:
a) Amestecă totul până la omogenizare.

79. Dip de pui cu bivoliță

INGREDIENTE:
- 2 căni de pui gătit mărunțit
- 8 uncii de cremă de brânză, înmuiată
- ½ cană sos iute
- ½ cană de dressing ranch
- 1 cană brânză cheddar mărunțită
- ¼ de cană de crumble de brânză albastră (opțional)
- Chipsuri de tortilla sau bețișoare de țelină, pentru servire

INSTRUCȚIUNI:
a) Preîncălziți cuptorul la 350°F.
b) Într-un castron mare, combinați puiul mărunțit, crema de brânză, sosul iute și dressingul ranch. Se amestecă până se combină bine.
c) Răspândiți amestecul într-o tavă de copt de 9 inchi și presărați cu brânză cheddar mărunțită și crumble de brânză albastră (dacă se folosește).
d) Coaceți timp de 20-25 de minute, sau până când este fierbinte și clocotită.
e) Se serveste fierbinte cu chipsuri tortilla sau batoane de telina.

80. Dip picant cu dovleac și cremă de brânză

INGREDIENTE:
- 8 uncii de brânză cremă
- 15 uncii de dovleac conservat neîndulcit
- 1 lingurita scortisoara
- ¼ linguriță ienibahar
- ¼ lingurita de nucsoara
- 10 nuci pecan, zdrobite

INSTRUCȚIUNI:
a) Bateți crema de brânză și dovleacul din conserva într-un mixer până devine cremos.
b) Se amestecă scorțișoara, ienibaharul, nucșoara și nucile pecan până se combină bine.
c) Înainte de servire, dați la rece timp de o oră la frigider.

81.Bavarez petrecere dip/spread

INGREDIENTE:
- ½ cană ceapă, tocată
- 1 kg Braunschweiger
- 3 uncii de brânză cremă
- ¼ lingurita piper negru

INSTRUCȚIUNI:
a) Se caleste ceapa 8-10 minute, amestecand des; se ia de pe foc si se scurge.
b) Scoateți carcasa de pe Braunschweiger și amestecați carnea cu crema de brânză până la omogenizare. Amestecați ceapa și ardeiul.
c) Serviți ca ficat tartinat pe biscuiți, secara de petrecere feliate subțiri sau serviți ca o baie însoțită de o varietate de legume proaspete crude, cum ar fi morcovi, țelină, broccoli, ridichi, conopidă sau roșii cherry.

82.Dip de petrecere cu anghinare la cuptor

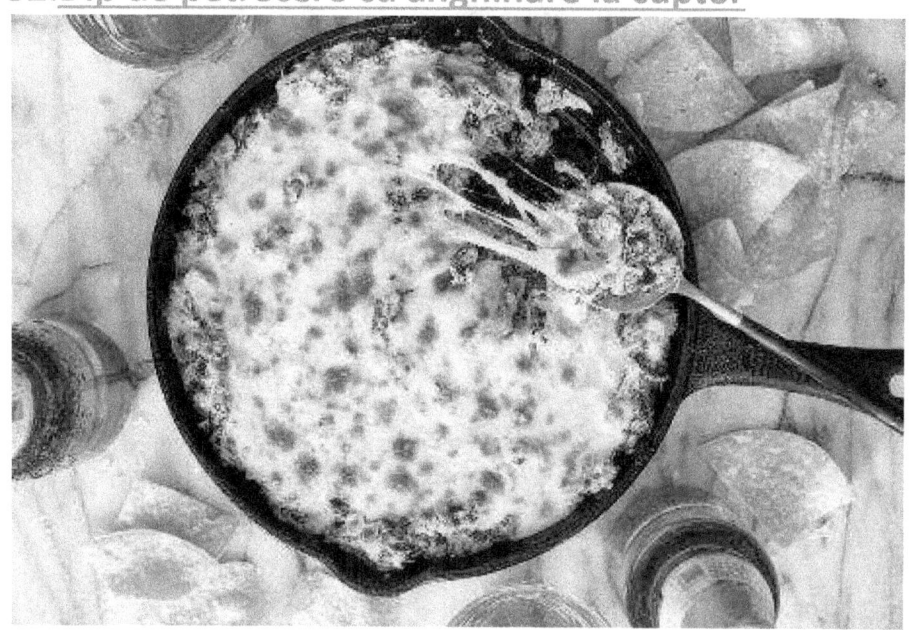

INGREDIENTE:
- 1 pâine mare de secară închisă
- 2 linguri de unt
- 1 legătură de ceapă verde; tocat
- 6 catei de usturoi proaspat; tocate fin, pana la 8
- 8 uncii cremă de brânză; la temperatura camerei.
- 16 uncii Smântână
- 12 uncii Brânză cheddar mărunțită
- Cutie de 14 uncii de inimioare de anghinare; se scurge si se taie in sferturi

INSTRUCȚIUNI:
a) Tăiați o gaură în partea de sus a pâinii de aproximativ 5 inci în diametru. Scoateți pâinea moale din porțiunea tăiată și aruncați-o.
b) Rezervați crusta pentru a face blatul pentru o pâine.
c) Scoateți cea mai mare parte din interiorul moale a pâinii și păstrați-l pentru alte scopuri, cum ar fi umplutura sau pesmetul de pâine uscat. În unt,
d) Se caleste ceapa verde si usturoiul pana se ofilesc ceapa. Tăiați crema de brânză în bucăți mici și adăugați ceapa, usturoiul, smântâna și brânza cheddar. Amesteca bine. Îndoiți inimioare de anghinare , scoateți tot acest amestec în pâine scobită. Puneți partea de sus pe pâine și înfășurați în folie de aluminiu rezistentă . Coaceți într-un cuptor la 350 de grade timp de 1 oră și jumătate.
e) Când este gata, îndepărtați folia și serviți, folosind pâine de secară cocktail pentru a înmuia sosul.

83. Pub Cheese Dip

INGREDIENTE:
- 3 linguri grosolan tocat, murat jalapeno ardei
- 1 ceașcă greu cidru
- ⅛ linguriță sol roșu piper
- 2 cupe mărunțită suplimentar ascuțit, galben cheddar brânză
- 2 cupe mărunțită Colby Brânză
- 2 linguri amidon de porumb
- 1 Lingura de masa Dijon muștar
- 60 biscuiti

INSTRUCȚIUNI:
a) În A mediu amestecarea castron, combina cheddar brânză, Colby brânză, și amidon de porumb. Loc deoparte.
b) În A mediu cratiță, combina cidru și muștar.
c) bucătar pana cand fierbere peste mediu-înalt căldură.
d) Încet Tel în cel brânză amestec, A mic la A timp, pana cand neted.
e) Întoarce-te oprit cel căldură.
f) Se amestecă în cel jalapeno și roșu ardei.
g) Loc cel amestec în A 1 litru încet aragaz sau fondue oală.
h) A pastra cald pe scăzut căldură.
i) Servi pe langa biscuiti.

84.Dip de pizza cu conținut scăzut de carbohidrați

INGREDIENTE:
- 6 uncii de Cremă Brânză cuptor cu microunde
- ¼ ceașcă Acru Cremă
- ½ ceașcă Mozzarella Brânză, măruntită
- Sare și Piper la Gust
- ¼ ceașcă Maioneză
- ½ ceașcă Mozzarella Brânză, măruntită
- ½ ceașcă Sărac în carbohidrați Roșie Sos
- ¼ ceașcă parmezan Brânză

INSTRUCȚIUNI:
a) Preîncălziți cel cuptor la 350 grade Fahrenheit.
b) Amesteca cel cremă brânză, acru cremă, maioneză, mozzarella , s alt și piper.
c) Se toarnă în ramekine și răspândire Roșie Sos peste fiecare ramekin la fel de bine la fel de mozzarella brânză și parmezan brânză .
d) T op ta tigaie pizza scufundări cu ta favorit toppinguri.
e) Coace pentru 20 minute .
f) Servi pe langa niste gustos grisine sau porc coji!

85. Dip Rangoon de crab

INGREDIENTE:
- 1 (8 uncii) pachet de cremă brânză, înmuiat
- 2 linguri măsline ulei maioneză
- 1 Lingura de masa proaspăt stors lămâie suc
- ½ linguriță mare sare
- ¼ linguriță negru piper
- 2 cuișoare usturoi, tocat
- 2 mediu verde ceapa, tăiate cubulețe
- ½ ceașcă măruntită parmezan brânză
- 4 uncii (despre ½ ceașcă) de conservate alb carne de crab

INSTRUCȚIUNI:
a) Preîncălziți cuptor la 350°F.
b) În A mediu castron, amesteca cremă brânză, maioneză, lămâie suc, sare, și piper cu A mână blender pana cand bine încorporate.
c) Adăuga usturoi, ceapa, parmezan brânză, și carne de crab și pliază în cel amestec cu A spatula.
d) Transfer amestecul la un sigur pentru cuptor ciob și întinde - O uniform.
e) Coaceți **PENTRU** 30-35 minute pana cand topul de scufundarea este puțin rumenit. Servi cald.

86. Dip picant de creveți și brânză

INGREDIENTE:
- 2 felii de bacon fara zahar adaugat
- 2 cepe galbene medii, curatate de coaja si taiate cubulete
- 2 catei de usturoi, tocati
- 1 cană de creveți floricele de porumb (nu cei paniți), fierți
- 1 roșie medie, tăiată cubulețe
- 3 căni de brânză Monterey Jack mărunțită
- ¼ de linguriță sos roșu de Frank
- ¼ lingurita de piper cayenne
- ¼ lingurita piper negru

INSTRUCȚIUNI:
a) bucătar cel slănină în A mediu tigaie peste mediu căldură pana cand crocant, despre 5–10 minute. A pastra unsoare în cel tigaie. Întins cel slănină pe A hârtie prosop la misto. Când misto, se sfărâmă cel slănină cu ta degete.

b) Adăuga cel ceapă și usturoi la cel slănină picături în cel tigaie și sote peste mediu-scazut căldură pana cand ei sunt moale și parfumat, despre 10 minute.

c) Combina toate ingredientele în A încet aragaz; se amestecă bine. bucătar acoperit pe scăzut setare pentru 1–2 ore sau pana cand brânză este complet topit.

87.Dip de usturoi si bacon

INGREDIENTE:
- 8 felii de bacon fara zahar adaugat
- 2 cani de spanac tocat
- 1 pachet (8 uncii) de cremă de brânză, înmuiată
- ¼ cană de smântână plină de grăsimi
- ¼ cană iaurt grecesc simplu, plin de grăsimi
- 2 linguri patrunjel proaspat tocat
- 1 lingura suc de lamaie
- 6 căței de usturoi prăjiți, piureați
- 1 lingurita sare
- ½ lingurita piper negru
- ½ cană parmezan ras

INSTRUCȚIUNI:
a) Preîncălziți cuptor la 350°F.
b) bucătar slănină în A mediu tigaie peste mediu căldură pana cand crocant. Elimina slănină din cel tigaie și a stabilit deoparte pe A farfurie căptușită cu hârtie prosoape.
c) Adăuga spanac la cel Fierbinte tigaie și bucătar pana cand ofilit. Elimina din căldură și a stabilit deoparte.
d) La A mediu castron, adăuga cremă brânză, acru cremă, iaurt, pătrunjel, lămâie suc, usturoi, sare, și piper și bate cu A de mână mixer pana cand combinate.
e) Aproximativ a toca slănină și se amestecă în cremă brânză amestec. Se amestecă în spanac și parmezan brânză.
f) Transfer la un 8" × 8" coacerea tigaie și coace pentru 30 minute sau pana cand Fierbinte și clocotită.

88.Dip cremoasă de pesto cu brânză de capră

INGREDIENTE:
- 2 cupe bătătorit proaspăt busuioc frunze
- ½ ceașcă răzuit parmezan brânză
- 8 uncii de capră brânză
- 1-2 lingurite tocat usturoi
- ½ linguriță sare
- ½ ceașcă măsline ulei

INSTRUCȚIUNI:
a) Amesteca busuioc, brânză, usturoi, și sare în A alimente procesor sau blender pana cand neted. Adăuga măsline ulei în un chiar curent și amesteca pana cand combinate.
b) Servi imediat sau magazin în frigiderul .

89. Pizza fierbinte Super dip

INGREDIENTE:
- Înmuiat Cremă Brânză
- Maioneză
- Mozzarella Brânză
- Busuioc
- Oregano
- Usturoi Pudra
- Pepperoni
- Negru Măsline
- Verde clopot Ardei

INSTRUCȚIUNI:

a) Amesteca în ta înmuiat cremă brânză, maioneză, și A mic pic de mozzarella brânză. Adăuga A presara de busuioc, oregano, pătrunjel, și usturoi pudra, și se amestecă pana cand este frumos combinate.

b) Completati aceasta în ta adânc farfurie plăcintă farfurie și răspândire aceasta afară în un chiar strat.

c) Răspândire ta pizza sos pe top și adăuga ta preferat toppinguri. Pentru acest exemplu, noi voi adăuga mozzarella brânză, pepperoni negru maslíne, și verde ardei. Coace la 350 pentru 20 minute.

90.Dip cu spanac și anghinare la cuptor

INGREDIENTE:
- 14 uncii pot anghinare inimi, drenat și tocat
- 10 uncii congelate tocat spanac dezghețat
- 1 ceașcă real maia
- 1 ceașcă răzuit parmezan brânză
- 1 usturoi cuișoare presat

INSTRUCȚIUNI:
a) Dezgheț înghețat spanac apoi stoarce aceasta uscat cu ta mâinile.
b) Se amestecă împreună: drenat și tocat anghinare, stors spanac, 1 ceașcă maia, ¾ ceașcă parmezan brânză, 1 presat usturoi cuișoare, și transfer la A 1 litru caserolă sau plăcintă farfurie.
c) Stropiți pe restul ¼ ceașcă parmezan brânză.
d) Coace descoperit pentru 25 minute la 350°F sau pana cand încălzit prin. Servi cu ta favorit crostini, chipsuri, sau biscuiti.

91. Dip de anghinare

INGREDIENTE:
- 2 cupe de anghinare inimi, tocat
- 1 ceașcă maioneză sau ușoară maioneză
- 1 ceașcă mărunțită parmezan

INSTRUCȚIUNI:
a) Combina toate ingredientele, și loc cel amestec în A uns coacerea farfurie. Coace pentru 30 minute la 350 °F.
b) Coace cel scufundare pana cand aceasta este ușor rumenit și clocotită pe top.

92.Dip cremoasă de anghinare

INGREDIENTE:
- 2 X 8 uncii pachete de cremă brânză, cameră temp
- ⅓ ceaşcă acru cremă
- ¼ ceaşcă maioneză
- 1 Lingura de masa lămâie suc
- 1 Lingura de masa Dijon muştar
- 1 usturoi cuişoare
- 1 linguriţă Worcestershire sos
- ½ linguriţă Fierbinte piper sos
- 3 X 6 uncii borcane de marinat anghinare inimi, drenat şi tocat
- 1 ceaşcă răzuit mozzarella brânză
- 3 ceai verde
- 2 linguriţă tocat jalapeño

INSTRUCȚIUNI:
a) Folosind un electric mixer bate cel primul 8 ingrediente în A mare castron pana cand amestecate. Îndoiţi în anghinare, mozzarella, ceai verde, şi jalapeño.
b) Transfer la A coacerea farfurie.
c) Preîncălziţi cel cuptor la 400 °F.
d) Coace scufundare pana cand clocotind şi maro pe top- despre 20 minute.

93.Dip cu mărar și cremă de brânză

INGREDIENTE:
- 1 ceașcă simplu soia iaurt
- 4 uncii de Cremă Brânză
- 1 Lingura de masa lămâie suc
- 2 linguri uscat arpagic
- 2 linguri uscat mărar buruiana
- 1/2 linguriță mare sare
- Dash piper

INSTRUCȚIUNI:
a) Se amestecă totul și se dă la frigider pentru cel puțin o oră.

94. de orez sălbatic și chili

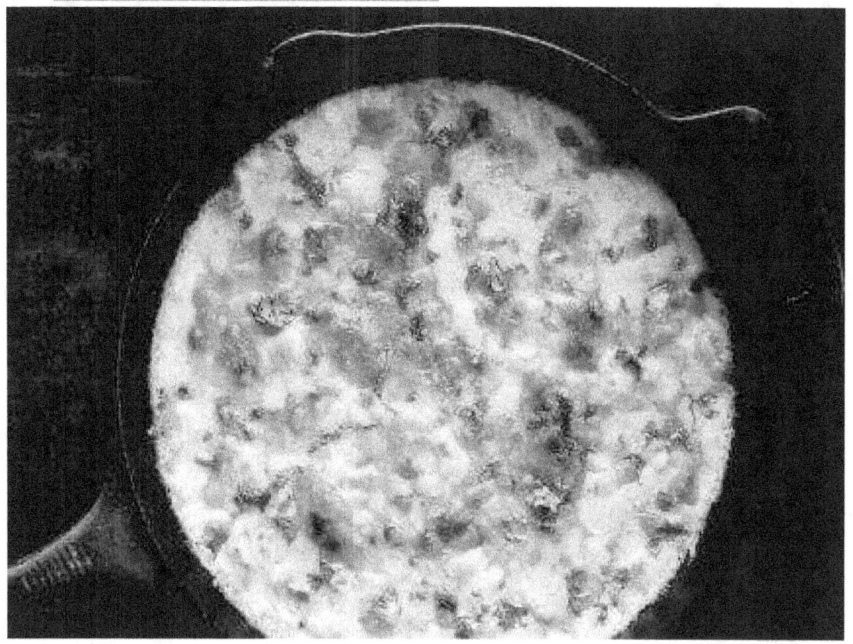

INGREDIENTE:
- 12 uncii de gătit linte
- ¼ ceașcă fara drojdie vegetal bulion
- ¼ ceașcă tocat verde clopot piper
- 1/2 cuișoare usturoi, presat
- 1 ceașcă tăiate cubulețe rosii
- ¼ ceașcă tocat ceapă
- 2 uncii de smântână Brânză
- 1/2 Lingura de masa chili pudra
- 1/2 linguriță chimion
- ¼ linguriță mare sare
- Dash paprika
- 1/2 ceașcă gătit sălbatic orez

INSTRUCȚIUNI:
a) În A mic cratiță, bucătar cel linte și vegetal bulion.
b) Adăuga cel ceapa, clopot piper, usturoi, și rosii și bucătar pentru 8 minute peste mediu căldură.
c) În A blender, combina Cremă Brânză, chili pudra, chimion, și mare sare pana cand neted.
d) Combina cel orez, cremă brânză amestec, și linte vegetal amesteca în A mare amestecarea castron și arunca bine.

95.Dip picant cu dovleac și cremă de brânză

INGREDIENTE:
- 8 uncii de Cremă Brânză
- 15 uncii de neindulcit conservate dovleac
- 1 linguriță scorțișoară
- ¼ linguriță ienibahar
- ¼ linguriță nucșoară
- 10 nuci pecan, zdrobit

INSTRUCȚIUNI:
a) Bici cel Cremă Brânză și conservate dovleac împreună în A mixer pana cand cremos.
b) Se amestecă în cel scorțișoară, ienibahar, nucșoară, și nuci pecan pana cand temeinic combinate.
c) Inainte de servire, frig pentru unu ora în cel frigider.

Sosuri asiatice pentru scufundare

96.Sos de caise și chile

INGREDIENTE:
- 4 uscat caise
- 1 ceasca de alb struguri suc sau măr suc
- 1 lingurita asiatic chili pastă
- 1 lingurita răzuit proaspăt ghimbir
- 1 Lingura de masa soia sos
- 1 Lingura de masa orez oțet

INSTRUCȚIUNI:

a) În A mic cratiţă, combina cel caise și struguri suc și căldură doar la A a fierbe. Elimina din cel căldură și a stabilit deoparte pentru 10 minute la permite cel caise la se înmoaie.

b) Transfer cel caisă amestec la A blender sau alimente procesor și proces pana cand neted. Adăuga cel chili pastă, ghimbir, soia sos, și oțet și proces pana cand neted. Gust, reglare condimente dacă necesar.

c) Transfer la A mic castron. Dacă nu folosind dreapta departe, acoperi și la frigider pana cand Necesar.

d) În mod corespunzător depozitat, cel sos voi a pastra pentru 2 la 3 zile.

97.Sos de Dipping Mango-Ponzu

INGREDIENTE:
- 1 ceașcă tăiate cubulețe copt mango
- 1 Lingura de masa ponzu sos
- ¼ linguriță asiatic chili pastă
- ¼ linguriță zahăr
- 2 linguri apă, la care se adauga Mai mult dacă Necesar

INSTRUCȚIUNI:

a) În A blender sau alimente procesor, combina toate ingredientele și amestec pana cand neted, adăugând o alta Lingura de masa de apă dacă A mai subtire sos este dorit.

b) Transfer la A mic castron. Servi imediat sau acoperi și la frigider pana cand gata la utilizare. Acest sos este Cel mai bun folosit pe cel la fel zi aceasta este făcut.

98.Sos de ghimbir cu soia

INGREDIENTE:
- 1/4 cană sos de soia
- 2 linguri otet de orez
- 1 lingura ulei de susan
- 1 lingura miere sau zahar brun
- 1 lingurita de ghimbir proaspat ras
- 1 catel de usturoi, tocat
- 1 lingura ceapa verde tocata (optional)

INSTRUCȚIUNI:
a) Într-un castron mic, amestecați sosul de soia, oțetul de orez, uleiul de susan, mierea sau zahărul brun, ghimbirul ras, usturoiul tocat și ceapa verde tocată (dacă este folosită).
b) Se amestecă până se combină bine.
c) Ajustați dulceața sau salinitatea în funcție de preferința gustului, adăugând mai multă miere/zahăr sau sos de soia, dacă este necesar.
d) Serviți ca sos pentru găluște, rulouri de primăvară sau carne la grătar.

99.Sos picant cu arahide

INGREDIENTE:
- 1/4 cană unt de arahide cremos
- 2 linguri sos de soia
- 1 lingura otet de orez
- 1 lingura miere sau sirop de artar
- 1 lingurita ulei de susan
- 1 catel de usturoi, tocat
- 1 lingurita sos sriracha (ajustati dupa gust)
- 2-3 linguri de apa (pentru a dilua sosul)
- Arahide tocate și ceapă verde tăiată felii pentru ornat (opțional)

INSTRUCȚIUNI:
a) Într-un castron, combinați untul de arahide cremos, sosul de soia, oțetul de orez, mierea sau siropul de arțar, uleiul de susan, usturoiul tocat și sosul sriracha.
b) Se amestecă bine până se omogenizează.
c) Adăugați treptat apă pentru a obține consistența dorită.
d) Ajustați condimentul adăugând mai mult sos de soia, miere sau sriracha după gust.
e) Ornați cu alune tocate și ceapă verde feliată, dacă doriți.
f) Serviți ca sos pentru chifle proaspete de primăvară, frigărui de satay sau tăiței.

100.Sos dulce chili lime

INGREDIENTE:
- 1/4 cană sos chili dulce
- Suc de 1 lime
- 1 lingura sos de soia
- 1 lingurita ulei de susan
- 1 catel de usturoi, tocat
- 1 lingurita de ghimbir ras
- 1 lingura coriandru tocat (optional)
- Chili tăiat felii subțiri pentru căldură suplimentară (opțional)

INSTRUCȚIUNI:
a) Într-un castron mic, amestecați sosul de chili dulce, sucul de lămâie, sosul de soia, uleiul de susan, usturoiul tocat, ghimbirul ras și coriandru tocat (dacă este folosit).
b) Adăugați chili felii subțiri dacă preferați căldură suplimentară.
c) Ajustați dulceața sau aciditatea adăugând mai mult sos dulce de chili sau suc de lămâie, dacă este necesar.
d) Serviți ca sos pentru creveți, rulouri de primăvară sau tofu prăjit.

CONCLUZIE

Pe măsură ce ne încheiem călătoria prin lumea dips-urilor și tartinelor, sper să vă simțiți inspirați să vă ridicați jocul de gustare și să transformați momentele obișnuite în experiențe extraordinare. „Cartea completă de rețete Dips and Spreads" a fost creată cu o pasiune pentru aromă și cu dragostea de a împărtăși mâncare bună cu cei dragi.

Pe măsură ce continuați să explorați lumea delicioasă a dips-urilor și tartinelor, amintiți-vă că posibilitățile sunt nesfârșite. Fie că experimentați noi combinații de arome, personalizați rețete pentru a se potrivi preferințelor dvs. de gust sau pur și simplu vă bucurați de plăcerea de a înmuia și de a le întinde, fiecare înghițitură poate fi o amintire a bucuriei care vine din împărtășirea alimentelor și crearea de amintiri cu ceilalți.

Vă mulțumesc că mi-ați fost alături în această aventură culinară. Fie ca sosurile tale să fie cremoase, tartinele să fie aromate, iar experiențele de gustare să fie cu adevărat extraordinare. Până ne întâlnim din nou, cufundare și răspândire fericită!

www.ingramcontent.com/pod-product-compliance
Lightning Source LLC
Chambersburg PA
CBHW070417120526
44590CB00014B/1425